目次

装丁＝オーバードライブ

序

本書を執筆したきっかけは、二〇二三年三月におこなわれたある国際会議[1]で、参加者の一人から日本の人類学と帝国主義との関係について尋ねられ、うまく答えられなかったことだった。「人類学は帝国主義の申し子」とはよく言われることだが、日本の人類学と帝国主義の関係については、私が知る限り公式には語られてこなかった。それゆえ、この問題は私を含め後続世代に十分に伝えられておらず、簡単には答えられない類いの問いだったのだ。

他方、過去は死んでないということを思い知らされたのは、二〇二二年から二三年にかけておこなわれた日本文化人類学会倫理委員会のアイヌ民族をめぐる一連のオンライン・シンポジウムを通してだった。アイヌ民族は、日本の「先住民」として日本人類学の誕生期から重要な位置を占めてきたが、沖縄や台湾、韓国・朝鮮などの人びとと同様、「日本の」植民地主義・帝国主義による被害を受けた。アメリカ、オーストラリア、ニュージーランドなどの人類学においては、過去の先住民研究のあり方に対して反省と謝罪がおこなわれているが、このシンポジウムでは、日本においてはどうするのかについて議論がかわされたのである[2]。

日本人類学の歴史については、すでに寺田和夫が『日本の人類学』（一九八一年）を書いており、綾部恒雄が『文化人類学群像3　日本編』（一九八八年）を編集している。日本民族学会（現日本文化人類学会）も一九六六年に『日本民族学の回顧と展望』を、一九八六年に『日本の民族学 1964-1983』を刊行している。近年では、ヤン・ファン・ブレーメン（Jan van Bremen）と清水昭俊の英文の編著 *Anthropology and Colonialism in Asia and Oceania*（1999）、山路勝彦編『日本の人類学――植民地主義、異文化研究、学術調査の歴史』（二〇一一年）、ヨーゼフ・クライナー編『近代〈日本意識〉の成立――民俗学・民族学の貢献』（二〇一二年）および『日本民族学の戦前と戦後――岡正雄と日本民族学の草分け』（二〇一三年）、中生勝美『近代日本の人類学史――帝国と植民地の記憶』（二〇一六年）などが刊行されている。私自身も外国の研究者を意識しながら日本の人類学に関する論考を英語で発表してきた［Yamashita 1998, 2004, 2006a, Yamashita, Eades, and Shimizu 2018］。

しかし、今の若い研究者は、日本の人類学の歴史をどのくらい知っているだろうか。本書では、とくに若い世代に日本人類学の歴史に対する注意を喚起し、先人たちが人類学をどのように想像／創造し、その歴史がどのように伝承されてきたかということを考えてみたい。(3) これを通して、冒頭に述べた日本における人類学と帝国主義の関係という問いに迫っていきたいのである。

学問の伝承を考えるにあたって、本書では「血脈」という言葉を使う。仏教では「血脈《けちみゃく》」といい、法が師から弟子へと相続されることを人体における血液の流れに譬えた表現である。さらに「血脈相承《けちみゃくそうじょう》」といえば、師から授けられる「法」は次代の師となるべき者が相続するものとされている。本書で検討してみたいのは、人類学という学問における「血脈相承」のあり方である。

他方、血脈というと、佐藤愛子の自伝的小説『血脈』（二〇〇一年）を思い浮かべる人もいるかもしれない。しかし、ここでの関心はそうした個人のファミリー・ヒストリーにおける「血」の伝承ではない。集合的な「人類学ファミリー」の伝承のあり方を血脈という言葉で捉えてみたいのである。

こうした目的のために、第一章では、坪井正五郎から山口昌男にいたる八人の日本人類学史のキーパーソンに焦点を当てながら、日本人類学の血脈を概観する。ここでの血脈とは、「血統」のようにある祖先からの正統な出自の流れではないが、先人から伝わる学問の流れのようなもので、「学統」といいってもよいものである。というのも、学問は一人だけでは成就できず、先人の業績のうえに成り立ち、後輩たちに引き継がれていくものだからだ。こうした学問の伝承について先学者として後学者たちに伝える義務があると私は考えている。

第二章では、「伝承の現場」に注目し、学会、大学・研究所、研究室、授業、教科書、座談会・シンポジウム、現地調査、留学、最終講義、追悼、出版社、パトロン・支援者などを具体的に取り上げながら、学問伝承の「現場」を検討する。第三章では、とくに岡正雄、石田英一郎、泉靖一の三人に焦点を当て、一九三〇年代から六〇年代——日本における人類学と帝国主義の関係を考えるうえでとくに重要な時期——における人類学の「伝承の論理」を探る。これらを踏まえて第四章では、日本人類学の未来を展望する。これが本書の論述の順序である。

なお、本書での人類学は自然科学系の自然（形質）人類学だけでなく、人文・社会科学系の民族学・社会／文化人類学を含み、後者に比重があることをはじめにお断りしておきたい。以下で述べるように、一九一三年の坪井正五郎の死後、鳥居龍蔵が人類学の第二部（人種学・民族学）を第一部（生物人類学）から分離し、一九二〇〜三〇年代に岡正雄らが「民族学」という言葉を定着させて以降は、もっぱら民族学（社会・文化人類学）の歴史を扱うことになる。

第一章　日本人類学の血脈——概観

寺田和夫によると、日本の人類学は、一八七七年に帝国大学（現東京大学）のお雇い外国人であったエドワード・モース（Edward Morse）が大森貝塚を発掘したときに始まり、一八八四年に坪井正五郎たちが「じんるいがくのとも」という集団を糾合したときに組織的活動が始まった［寺田　一九八一：七］。以下では、坪井から山口昌男にいたる八人の足跡をたどりながら、日本人類学の歴史を概観してみたい。

一　坪井正五郎

坪井正五郎は一八六三年、東京に生まれた。一八七七年に大学予備門に入り、一八八六年に帝国大学理科大学動物学科を卒業した。動物学科の主任教授はモースだった。これに対し、坪井は日本人の手による人類学を追求し、在学中一八八四年に同志一〇人とともに人類学同好会とでも言うべき集団「じんるいがくのとも」を結成し、これが二年後の一八八六年に「東京人類学会」となった。同年、坪井は帝国大学大学院に進学し、人類学を専攻。一八八八年に帝国大学理科大学助手となり、翌年から三年間英国に留学した。

当時の英国には、『原始文化（Primitive Culture）』（1871）の著者で、「人類学の父」と呼ばれたエドワード・タイラー（Edward Tylor）がいた。興味深いことに、坪井はタイラーについて「書と人物に懸隔があり、言うところが既刊書以上に出ず、学ぶに足らず」と評して〔山口　一九八八：一三〕、大学には籍を置かず、博物館や図書館で研究した。

その一方で、図書を多く購入し、日本に持ち帰っている。さらに、一八九一年、ロンドンで開かれた第九回国際東洋学会議で、「東京近傍における横穴二〇〇余の発見」について発表している。留学を終え、一八九二年に帰国すると、帝国大学理科大学教授に任命され、翌年から日本で初めての人類学講座を担当することになった。

このように、日本の人類学は、モースのような外国人研究者による日本研究に対して、日本人による研究というナショナリスティックな試みとして始まった。このことは、その後の日本の人類学を大きく規定した。つまり、欧米の人類学の研究が「人類文化」の起源を研究しようとしたのに対し、日本の人類学は「日本人とその民族文化」の起源の解明に力を注ぐようになったのである。

図１　坪井正五郎（1863－1913）
（出典は巻末。以下同）

そうしたなかで、坪井ら明治期の人類学者の主たる関心は、日本人の起源がアイヌ民族なのか、それともアイヌ以前の民族なのかを究明することだった。坪井がアイヌの伝説に登場するコロボックルこそ日本の先住民だと主張したのに対し、白井光太郎はアイヌ民族の祖先が日本の先住者だと論じ、「コロボックル論争」が展開された。しかし、この論争は一九一三年の坪井の死――ロシア・サンクトペテルブルグ出張中に客死――により幕を閉じる。

坪井はアマチュア精神に基づいた幅広い関心を有していた。例えば、一八九六年に「集古会」を発足させているが、これは「談笑娯楽の間に考古に関する器物及書画等を蒐集展覧し互に其の智識を交換する」というものだった。会の主な活動は，互いに持ち寄った古物を品評する「集古談話」で，石器や土器などから玩具といった趣味的なものまで出品され、『集古会誌』に詳しく記録された。(4) また、「笑語老」の名で、のちの今和次郎の考現学のさきがけのような『うしのよだれ』（一九〇七年）というエッセイ集を刊行している。このように、坪井には趣味人、好事家的なところがあり、その人類学は一つの枠に収まらない（石田英一郎の言う）「はみだした学問」という性格をもっていた。

二　鳥居龍蔵

坪井の死後、日本人類学の主たる担い手となったのは鳥居龍蔵である。鳥居は一八七〇年に徳島の裕福な煙草問屋を営む家に生まれた。一八八六年に九州出張の帰りに徳島を訪れた坪井から人類学を勧められ、二年後に上京して人類学教室の標本係として働きながら、人類学を勉強した。

一八九五年に日清戦争の結果遼東半島が日本に割譲されると、鳥居は現地に派遣され、調査をおこなった。これは日本の人類学史上はじめての海外調査として特筆すべきことだった。(5) これを皮切りに、台湾、千島、中国西南部、朝鮮、東部シベリア、満州、蒙古と日本帝国の植民地の拡大とともにフィールド調査の地域を拡げていった。その活動は新聞などでも報道され，国民的英雄でもあったという［末成　一九八八：四八］。こうした意味で鳥居はまさに「日本帝国主義の申し子」だった。

しかし、鳥居の功績はそうしたフィールドワークをおこなったことだけではない。理論的には、自然人類学（形質人類学）から人種学（民族学）への転換を果たした点がとりわけ重要である。これについて、鳥居は次のように述べている。

図 2　鳥居龍蔵（1870 − 1953）
台湾原住民アミ族で調査中の鳥居
（1896 年、写真中央）

図 3　柳田国男（1875 − 1962）

人類を動物として研究する（坪井の）人類学（第一部）と人種、民族の体質、言語、風俗、習慣、神話伝説等を研究する人種学、民族学（第二部）は全く研究方法を異にしているから、分離した方がよい。初め第一部の方を主としていたが、明治三五、三六年の苗族（中国西南部）で第二部の必要性を感じ更に、第一部を放棄し、専ら第二部に力を注ぐようになった[6]［鳥居　一九七五：四八一―四八二］。

この転換は日本の民族学（社会・文化人類学）の形成にとって重要で、この研究スタンスが一九二〇～三〇年代の柳田国男[7]や岡正雄らによる日本における民族学／民俗学の創出につながっていった。

三　柳田国男

柳田国男は、一八七五年、飾磨《しかま》県（現兵庫県）に生まれた。一二歳のとき下総・利根川べり布川の長兄（松岡鼎）に引き取られ、一六歳のとき東京の三兄（井上通泰）と同居するようになった。

一九歳で第一高等中学校に進学し、帝国大学法科大学で農政学を学んだ。一九〇〇年に農商務省に入り、農村の実態を調査・研究するようになった。法制局参事官、貴族院書記官長を歴任した後、一九二〇年、朝日新聞社客員となり、論説を執筆するかたわら、全国各地を調査旅行し日本民俗学[8]という研究領域を確立した。

農商務省時代、遠野出身の作家佐々木喜善と知り合い、彼の話を聞き書きして、『遠野物語』（一九一〇年）を出版した。これは日本民俗学の誕生を告げる著作と言われている。同時に、新渡戸稲造らと郷土会を結成し、一九一三年に雑誌『郷土研究』を創刊した。一九二一年に渡欧し、ジュネーブの国際連盟委任統治委員に就任したが、一九二三年――関東大震災が起こった年――に職を辞して、帰国している。

帰国後、岡正雄らとの交流のなかで、一九二五年に雑誌『民族』を創刊した。これは日本における民族学の成立にとってきわめて重要な出来事だった。しかし、一九三四年に日本民族学会が設立される前後から、柳田は徐々に民族学と袂を分かち、自らの研究会（木曜会）を立ち上げ、一九三五年には宮本常一らと「民間伝承の会」を立ち上げて、「民俗学」（日本を対象とした一国民俗学）の確立に向けた体制を固めていった。

戦後は、一九四七年に東京の自宅の書斎わきに民俗学研究所を設立し、一九四九年に「民間伝承の会」を「日本民俗学会」に発展的に解消させ、初代会長に就任した。一九五一年には文化勲章を受章し、最晩年には日本人と日本文化の起源について黒潮に想いをはせた『海上の道』（一九六一年）を著し、一九六二年に死去した。享年八七歳。

柳田は「日本人とは何か」という問いの答えを求めて日本各地を歩いて、多数の著作を残し、日本民俗学という分野を確立させた。初期には『遠野物語』に見られるような山人・異人に関心を示し、人類学・民族学にも関心を寄せたが、徐々に日本の稲作文化を基調とした日本人の生活に関心を移し、異民族を研究する民族学と袂を分かった。このことが日本の人類学に特有の「二つのミンゾクガク」（民俗学と民族学）を生み、現在にいたっている。

四　岡正雄

岡正雄は一八九八年、長野県松本に生まれた。士族の家系で、父親は弁護士だった。兄弟には細見惟雄はじめ軍人が多かった。仙台の二高在学中、フリードリッヒ・エンゲルス（Friedlich Engeles）の『家族・私有財産及び国家の起源（*Der Ursprung der Familie des Privaeigenthums und des Staats*）』（1884）を読み、民族学に関心をもった。一九二〇年、東京帝国大学文学部社会学科に入学し、「早期社会における呪的要素」について卒論を書き、一九二四年に卒業した。

ジェームズ・フレーザー（James Frazer）の「王制の呪的起源（*The Magical Origin of Kings*）」（1920）を翻訳し、柳田国男に序文を依頼して断られたが、柳田が主催していた研究会への出席を許され、柳田との交流が始まった。この頃、

図４　岡正雄（1898－1982）

ヴィルヘルム・シュミット（Wilhelm Schmidt）とヴィルヘルム・コッパース（Wilhelm Koppers）の『民族と文化（*Völker und Kulturen*）』（1924）を読んだことが歴史民族学への接近とウィーン大学留学のきっかけとなった。

柳田との交流のなかで、雑誌『民族』の編集に携わり、一九二五年に兄（岡茂雄）が経営する岡書院から刊行した。この雑誌は、民俗学、民族学、人類学、考古学、言語学、歴史学、社会学などさまざまな分野にまたがる総合誌で、その後継版である『民俗学』——折口信夫が中心となって一九二九年に創刊——とともに、日本民族学の成立にとって大きな役割を果たした。同時に、岡は古野清人、小山栄三、須田昭義、八幡一郎、江上波夫らとＡＰＥ会（Anthropology, Prehistory, Ethnology の頭文字をとった研究会）を立ち上げている。[9] このグループがのち

に民族研究所（後述）の中核メンバーとなっていった。

雑誌『民族』は、岡が「編集に疲れ、協力者の熱意も薄れ、柳田先生との階調もこわれ」て〔岡正雄 一九七九：四八三〕、一九二九年一月に廃刊となった。岡は故郷である信州松本に帰ろうと思っていたところ、渋沢敬三の援助で、同年四月、ウィーン大学に留学することになった。これにより独墺民族学の雄シュミットとコッパースらのもとで歴史民族学を学んだ。一九三三年には博士論文「古日本の文化層（Kukturschichten in Alt-Japan）を提出し、学位を授与された（一九三五年には補巻を追加し、計六巻一五〇〇頁の大著となった。ちなみに、ドイツ語版は二〇一二年にドイツで出版されたが、日本語訳は刊行されていない）。

その後、ウィーン大学客員教授、同大学日本研究所所長、ブダペスト大学客員教授などを務めながら、バルカン半島を旅行した。この旅行を通して、岡はバルカン半島の民族問題を知り〔芦田・岡 一九四二〕、「生きている民族研究」あるいは「現在的民族学」の必要性を強く感じたという。

一九四〇年に帰国した後は、古野清人、小山栄三、八幡一郎、江上波夫、岩村忍らとともに民族研究所の設立を画策した。一九四三年に文部省直轄の民族研究所が設置され、高田保馬所長のもとで岡は総務部長となった(10)。この研究所の目的は、「大東亜共栄圏」の民族政策を提言することだった。その意味では、この研究所の設立は日本における帝国主義と人類学の関係を示す一つの頂点だったと言えよう。

一九四五年の敗戦とともに研究所は廃止され、民族学は戦争協力を糾弾され、岡は信州の田舎に引きこもる。しかし、一九四八年、ＧＨＱ内の部局ＣＩＥ（Civil Information and Education Section 民間情報教育局）経由で返還されたウィーン大学に提出した博士論文を受け取り、同年に石田英一郎の司会により開催された座談会「日本民族＝文化の源流と日本国家の形成」に出席するため上京する。座談会ではウィーン時代の研究成果である「日本民族文化の形成」論を披露した。

その後、一九五一年に東京都立大学教授、一九六〇年に明治大学教授、一九六四年に東京外国語大学アジアアフリカ言語文化研究所（ＡＡ研）初代所長などを歴任し、一九五〇年代には財団法人民族学協会理事長として、アイヌ民族総合調査や東南アジア稲作文化調査などを指揮し、一九六八年には国際人類学民族科学連合の日本大会（東京および京都で開催）を実現させた。

岡は寡作で、単著は『異人その他——日本民族＝文化の源流と日本国家の形成』（一九七九年）一冊だけだが、後述するように、その話術は多くの人を引きつけ、巧みな語りを通して多くの後輩を育てた。晩年はアラスカ・エスキモー（イヌイト）調査に情熱を注ぎ［岡田　二〇一三］、一九八二年、八四歳でその生涯を閉じた。

五　石田英一郎

図５　石田英一郎（1903－1968）

石田英一郎は、一九〇三年、大阪に生まれた。男爵の家系だった。河上肇に惹かれて、京都帝国大学経済学部に入学し、社会科学研究会に入ってマルキシズムを信奉した。在学中、一九二五年、二六年と二度にわたり検挙され、自発的に退学し、男爵の爵位も返上した。一九二八年の三・一五事件で逮捕され、治安維持法違反で五年間服役した。

服役中、人類学・民族学関連の文献を読み、出所後、ウィーンから帰ってきた岡に会い、柳田の研究会に出入りするようになった。一九三七～三九年には岡がいたウィーン大学に留学し、歴史民族学の手法を学んだ。太平洋戦争中は、帝国学士院東亜諸民族調査研究委員会、中国・張家口の西北研究所などで調査・研究に従事した。戦争中に執筆した石田の代表作『河童駒引考――比較民族学的考察』は終戦後一九四八年に出版された。

戦後は、米軍占領下、ＣＩＥ（民間情報教育局）嘱託となり、アメリカの人類学者と交流する一方、日本民族学会の機関誌である『民族学研究』の編集長として、戦後の日本民族学を牽引した。一九五一年に東京大学東洋文化研究所の文化人類学部門教授に就任し、東大に文化人類学コースを創設するために尽力した。一九五二～五三年には米国の大学等を視察し、アメリカ流の「総合人類学（general anthropology）」を日本に導入することを構想した。文化人類学コースは一九五四年に教養学部教養学科に「文化人類学及び人文地理学分科」（のちに文化人類学分科として独立）として設置された[11]。

「文化人類学」という名称は、石田の発案ではなく、戦争協力と結び付いた「民族学」をきらった東大当局により設置段階で決まっていたらしい[12]。この名称はやがて一般社会にも広く受け入れられ、日本民族学会も二〇〇四年には「日本文化人類学会」と改称された。

石田は文化人類学を「はみだした学問」と性格づけている［石田　一九七〇：八］。文化人類学の対象は広く、なかなか一つの専門領域には収まりきらないということだろうか。それゆえ、人類学の専門的な領域ばかりでなく、多面にわたる執筆活動をおこなった。その意味では、彼もまた幅広い関心を維持した坪井正五郎の血脈を引き継いでいる。

一九六三年に東大退職後は、東北大学文学部日本文化研究施設教授、埼玉大学教養学部教授、多摩美術大学学長などを務め、晩年は『東西抄――日本・西洋・人間』（一九六五年）、『日本文化論』（一九六九年、没後出版）など日本文化論や比較文化論をまとめた。一九六八年一一月に肺がんのため六五歳で亡くなった。その直前の九月には東京と京都でおこなわれた国際人類学民族科学連合大会で、岡正雄会長のもとで大会副会長を務めた。

六　梅棹忠夫

梅棹忠夫は、一九二〇年、京都市西陣に生まれた(13)。大阪市立大学助教授、京都大学人文科学研究所助教授を経て、国立民族学博物館館長を務めた。動物学・生態学が専門であったが、民族学、文明学を究め、『モゴール族探検記』（一九五六年）、『東南アジア紀行』（一九六四年）、『文明の生態史観』（一九六七年）、『知的生産の技術』（一九六九年）など多様な著作がある。

梅棹は昆虫少年だった。三高時代に植物に関心を移し、山岳部で活動し、一九四〇年には北朝鮮の白頭山に登頂した。やがて動物学に関心をもち、京都帝国大学理学部動物学科に進学し、在学中一九四一年には今西錦司を隊長とするミクロネシア・ポナペ島調査に参加した。こうした経緯について梅棹は次のように回想している。「わたしは大学で動物学を専攻するとともに、将来はその知識をもって未開地での学術探検をやりたいとおもっていた」［梅棹　一九九七：四三］。

図 6　梅棹忠夫（1920－2010）

太平洋戦争中の一九四二年に今西を中心に「軍をのりこえ、軍のまもりの外に、自由の天地を求めて」大興安嶺探検隊が組織され［今西　一九五二：ii］、梅棹も参加している。一九四四年には今西所長のもと張家口に設立された西北研究所に赴任し、終戦までモンゴル研究に従事した。この研究を通して、梅棹は動物から人間へ、動物学・生態学から民族学へと関心を移していった。

一九五五年に戦後初の本格的な海外学術調査となった京都大学

学術探検部カラコラム・ヒンズークシ学術探検に参加した。一九五七年には当時勤務していた大阪市立大学の第一次東南アジア学術調査隊の隊長として、タイ、カンボジア、ベトナム、ラオスを訪れた。こうした経験を踏まえて『中央公論』（一九五七年二月号）に執筆したのが、「文明の生態史観序説」である。これはアーノルド・トインビー（Arnold Toynbee）の文明論に刺激されつつ、フィールドワークや探検に基づいて、第一地域（西ヨーロッパと日本）と第二地域（ロシア、トルコ、インド、中国その他）の生態史的位置付けを比較文明学的に明らかにしようとしたものだった。西欧と日本が第一地域として同じような歴史をたどったと捉えられている視点がユニークだった。これはのちに『文明の生態史観』（一九六七年）にまとめられ、梅棹を一躍有名にした。

一九七四年には大阪府吹田市に開設された国立民族学博物館（民博）の館長となった。民博はある意味で戦時中の「民族研究所」の戦後版だと言えるが、梅棹は「民族」博物館ではなく、「学」にこだわって「民族学博物館」と命名したという。一九八六年に球後視神経炎で視力を失ったが、職場復帰を果たし、約二〇年にわたり館長を務め、民博を世界第一級の民族学研究センターに育てた。二〇一〇年に逝去、享年九〇歳。

七　中根千枝

中根千枝は一九二六年に東京で生まれたが、母方の実家のある愛知県岡崎市に移り、小学校六年生の秋まで過ごした。その後、父親の仕事の関係で中国の北京で六年間暮らした。帰国後、津田塾専門学校（現津田塾大学）に学び、チベットへの関心から一九四七年に東京大学文学部東洋史学科に入学した。一九五〇年に大学院に進学し、当時理学部人類学科で開講されていた杉浦健一の授業に出るなどして人類学の存在を知るようになった。

一九五二年に東京大学東洋文化研究所の助手となり、一九五三年からインドに三年間留学し、シッキムやアッサムのナガ族、母系制をもつガロ族やカシ族のあいだでフィールドワークをおこなった。一九五九年からはイタリア、英国、米国などで研鑽を積んだ。一九六一年に帰国後、『中央公論』（一九六四年五月号）に「日本的社会構造の発見」を書いた。これがのちに『タテ社会の人間関係――単一社会の理論』（一九六七年）として出版され、百万部以上のベストセラーとなった。英語版は一九七〇年に *Japanese Society* として出版され、国際的な社会人類学者として活躍した。

中根は、幼少期を北京で暮らし、一九五〇年代の大半をインドやイギリスなど外国で過ごした。社会人類学の訓練は、英国滞在中、ロンドン大学のレイモンド・ファース（Raymond Firth）のセミナーで受けた。その意味では、中根は日本人類学の血脈から出自してきたわけではなく、彼女の人類学は海外、とくにインドや英国への留学によって形成された。この点はトランスナショナルな人類学史を考えるうえで興味深い(14)。

学会活動においては、渋沢敬三とのつながりのなかで、財団法人民族学振興会（旧民族学協会、現公益信託渋沢民族学振興基金）の理事・評議員・理事長を務め、『財団法人民族学振興会五十年の歩み――日本民族学集団　略史』（一九八四年）をまとめた。

図7　中根千枝（1926－2021）

岡が戦前軍部との結び付きのなかで日本における民族学を確立していったのに対し、中根は文部省（現文部科学省）や外務省の官僚たちと協働して、アジア諸国派遣留学制度や海外青年協力隊の創設に携わった。前者は、一九六八年に開始され、原忠彦、菊池靖、青木保など多くの研究者がこの制度を活用してフィールドワークをおこなった。私もその恩恵にあずかった一人である。後者は、日本の若者にとって人類学的なフィールドワークをおこなうのに似た効果をもたらした。このようなかたちで、中根はフィールドワークを通して考えるという人類学の考え方を社会一般に伝えた。女性初の東大教授、国際人類学者としての名声をほしいままにし、多くの学生たちを育て、二〇二一年に九四歳で亡くなった。

八　山口昌男

山口昌男は一九三一年に北海道美幌町に生まれた。一九五一年に東京大学文学部に入学し、五五年三月に国史学科を卒業した。卒業論文は平安時代後期の学者大江匡房についてであった。卒業後は、麻布学園で日本史を教えるかたわら、一九五七年に東京都立大学大学院に入学し、岡正雄のもとで社会人類学を専攻した。一九六〇年に修士論文「アフリカ王権研究序説」を提出し、博士課程に進んだ。

一九六三年にはナイジェリア・イバダン大学社会学講師としてアフリカに赴き、一九六五年に東京外国語大学アジア・アフリカ言語文化研究所（ＡＡ研）の講師として着任した。翌年助教授となり、以後、同研究所を拠点に活動を展開し、『アフリカの神話的世界』（一九七一年）、『人類学的思考』（一九七一年）、『道化の民俗学』（一九七五年）、『文化と両義性』（一九七五年）、『知の遠近法』（一九七八年）など多数の著書を刊行した。

一九八四年度から二年間は日本民族学会会長、一九八九年度から二年間はＡＡ研所長を務めた。ＡＡ研においては、長年にわたり「象徴と世界観の比較研究」という研究会を主催し、日本における構造人類学・象徴人類学を打ち立てるとともに、幅広い研究者のネットワークを構築した。アジア・アフリカからヨーロッパ、カリブ海まで世界中どこへでも出かけ、パリ大学、メキシコ大学等で客員教授を務めた。ＡＡ研退職後は静岡県立大学教授、札幌大学学長などを歴任した。

山口の文化理論は主に三つの柱から成り立っている。第一は「中心と周縁」論である。社会構造には中心部と周縁部があり、ビクター・ターナー（Victor Turner）が通過儀礼の研究において注目したリミナリティ（liminality 境界性）論によりながら、周縁のもつダイナミックな力や創造力に注目した。第二は「トリックスター」論で、秩序と反秩序のあいだを自由に往来する道化の両義性に注目し、トリックスター＝道化が秩序を相対化し、世界を活性化させる役割をもっていることを論じた。第三は「スケープゴート」論で、人類学の古典であるジェームズ・フレーザーの理論を発展させ、秩序は犠牲者を創りあげることによって作り出されるということをさまざまな文脈で論じた。

これらの理論を駆使しながら、山口は文化人類学という専門領域を越えて、幅広い活動を展開し、日本の文化界をリードした。その意味では彼もまた「はみだした学問」の実践者であった。晩年は近代日本をめぐる歴史人類学を切り開く仕事に取り組み、『「敗者」の精神史』（一九九五年）、『「挫折」の昭和史』（一九九五年）、『内田魯庵山脈——〈失われた日本人〉発掘』（二〇〇一年）などを著した。二〇一三年三月逝去、享年八一歳。

図8　山口昌男（1931－2013）

以上の八人に加え、戦前、帝国の周辺にいた二人の人類学者について補足しておきたい。それは泉靖一と馬淵東一である。内地では、帝国大学理科大学（のちに東京帝国大学理学部）に人類学講座が設置されていたが、学生はいなかった。しかし外地では、一九二六年に創設された京城帝国大学社会学科に秋葉隆が赴任し、秋葉のもとで泉靖一が育った。一九二八年には台北帝国大学で土俗・人種学教室ができ、米国ハーバード大学で人類学を学んだ移川子之蔵が赴任し、馬淵東一が育った。この二人

図 9　泉靖一（1915 − 1970）

図 10　馬淵東一（1909 − 1988）
台湾原住民アミ族の子供たちと
（1929 年、後列右端）

こそまさしく「日本帝国主義の申し子」であり、日本の民族学・文化人類学の発展にとってきわめて重要な役割を果たした［中生二〇一四］。

こうした外地の人類学者たちは、戦後日本に引き揚げ、新しい環境のなかで、日本の人類学の発展に貢献した。泉は東京大学で、馬淵は東京都立大学で教鞭をとり、戦後の文化・社会人類学を担うことになる多くの学生を育てた。馬淵についてはとくに第二章（一〇節）で、泉については第三章（三節）で触れることになろう。

本章に登場した人類学者は必ずしも師弟関係にあるわけではない。人類学がまだ制度化されていない時代に、独立して人類学を始めたケースもある。また、外地や留学先の師を仰いだケースもある。しかし、時代を共有し、日本の人類学に関係していくなかで、彼らもその血脈のネットワークなかに組み込まれていったのである。

第二章　伝承の現場

この章では、私自身の経験も踏まえながら、日本人類学の「伝承の現場」を検討していく。そのような現場として、一　学会、二　大学・研究所、三　研究室、四　授業、五　教科書、六　座談会・シンポジウム、七　現地調査、八　留学、九　最終講義、一〇　追悼、一一　出版社、一二　パトロン・支援者を取り上げる。

一　学会

一八八四年に坪井正五郎が結成した「じんるいがくのとも」は、二年後に東京人類学会になり、学会誌『東京人類学雑誌』を創刊した[15]。この雑誌は「コロボックル論争」はじめ明治時代の人類学の論争の舞台となった。人類学関連雑誌の刊行は、イギリスやフランスよりも遅れたが、一九〇二年創刊のアメリカ人類学会の機関誌である *American Anthropologist* よりは早かった。

民族学関係の雑誌は、約五〇年遅れて、一九二〇年代に創刊された。岡正雄が関わった『民族』や折口信夫が中心となって刊行された『民俗学』などがそれである。こうした流れが一九三四年の日本民族学会の設立につながった。

学会設立趣意書の書き出しは次のようである。

我国に於ける民族学の研究はすでに数十年の歴史をもっているが、その進歩と成果とに於いては未だ世界学会に闊歩するだけの地位に到達していない。しかるに他方欧米の学会に於ける斯学の発達は今世紀に入ってからの組織運動と特に大戦後の躍進を経て、今や諸文化科学の基礎学としての存在権を獲得している。我国の民族学に志す者としてこの国際的状勢を看過することは断じて許されないのである(16)［財団法人民族学振興会編　一九八四：四］。

一九三四年にはロンドンで第一回国際人類学民族科学連合大会がおこなわれ、その「国際的状勢」が大きな刺激となって日本民族学会が設立されたのである。もっとも、当時は大学に民族学の専門講座はなく、民族学会と言っても、さまざまな関連分野の研究者の寄せ集めだった。初代理事長は東洋史学の白鳥庫吉で、一九三六年当時の会員名簿によると、会員数は三三二名だった［財団法人民族学振興会編　一九八四：六］。

日本民族学会の機関誌『民族学研究』は、翌一九三五年、理事の古野清人らの努力により創刊された。古野は一九二六年に東京帝国大学文学部宗教学科を卒業し、エミール・デュルケーム（Emile Durkheim）の『宗教生活の原初形態（*Formes Élementaires de la View Religieuse*）』（1912）を翻訳している。

第一巻一号には、馬淵東一「高砂族の系譜」、松村武雄「異形族考」、宇野円空「マライシアの宗教序説」、小山栄三「北極圏内の諸民族」、茂木威一「ロシアに於けるコーカサス諸民族の研究」、岡田謙「アタヤル族の首狩」、宮本延人「台湾蕃族の貝貨の一種に就いて」、金孝敬「竈神に関する信仰」、鍾敬文「老獺稚型傳説之發生地」、宮良当壮「東北方言概相」、古野清人「ラディンの『民族学の方法と学説』について」、石田幹之助「故ラウファー博士とその民族学的業績」などの論考が並んでいる。

雑誌『民族』や『民俗学』と同様、本誌も狭義の民族学ばかりでなく、神話学（村松）、宗教学（宇野）、社会学（小山、岡田）、民俗学（宮本）、東洋史（石田）、言語学（宮良）などさまざまな研究分野から寄稿されている。また、馬淵、岡田、宮本、金、鍾らによる台湾や朝鮮など当時の日本の植民地からの報告が大きな比重を占めている。この点は人類学と帝国主義という観点から大いに注目される。

外地では、『南方土俗』（一九三一年創刊）や『民俗台湾』（一九四一年創刊）、『朝鮮民俗』（一九三三年創刊）などが発刊された。『南方土俗』は、台北帝大土俗・人種学教室を母体とする南方土俗学会から刊行されたものである。馬淵東一［一九七四：五四九―五五三］によると、「民族」という語は当時台湾では民族運動に関連して総督府から忌避され、「土俗」という表現に落ち着いたものらしい。だが、内地では「民族」という言葉が流行し、『南方土俗』も後に『南方民族』と改題された（英語のタイトルは *Ethnographical Journal of South-Eastern Asia and Oceania*）。

『民俗台湾』は一九四一年に創刊された。一九四三年には台北帝大の金関丈夫などが柳田国男を囲んで座談会をおこない「大東亜民俗学の建設と『民俗台湾』の使命」という特集が組まれている。日本の民俗学あるいは東亜の民俗学のために台湾からはどのような研究を期待しているかという金関らの問いに対し、柳田は「大東亜統一といふ大きな問題が起こると、いよいよそれが強く考へられるのであります」と答え、『民俗台湾』のように台湾という場所をフィールドにもっているということは「大東亜圏民俗学とでもいふようなものを目標として進むには非常にいい稽古台である」と述べている。さらに、朝鮮には秋葉君がいる、満州には大間知君がいる、ただ、「言葉の相違という問題」があって、

図 11　『民俗台湾』

「その間の交通を妨げてゐるのは言葉であります」としめくくっている(17)［川村　一九九六：八に引用］。

一八九三年、帝国大学理科大学（現東京大学理学部）に人類学講座が設置されたが、学生はおらず、学生募集を始めるのは一九三九年になってからである。東京帝国大学理学部人類学科開設の理由書には次のように書かれている。

二　大学・研究所

欧州大戦以後、民族問題は世界における一大関心となり、欧米各国はあるいはその大学の人類学科において、あるいは特殊の研究所、委員会等を設け、人種、民族の文化および特性、人類文化の起源および発達等の研究に専念努力するに至れり。今や我が帝国の人口一億人になんなんとして大和民族の他朝鮮族、漢族、高砂族、アイヌ族、ギリヤク族、オロッコ族、ポリネシア族等多数の民族を網羅し、加えて近時の状勢は満支鮮各国諸民族との接触をしてますます緊密ならしめるに至れりといへども、しかもこれら諸民族に関する学術研究のはなはだ不備不信なるは本邦学会の一大欠陥と称すべし。本学においては明治二六年九月、本邦唯一の人類学講座を設置せし以来、四十余年を経たる今日においても、なお人類学は文理両学部の学生の選択または参考科目たるに止まり、いまだ一定の課程を設けて斯学専攻の学者を養成する備えなく、同講座多年の蒐集に係る図書標本等、幾多の研究資料もその活用を見ざるは、すこぶる遺憾とすべし。よって速やかに人類学科を開設して志望学生を収容し、もって国家のもっとも須要とする人材を育成し、かつ本邦における斯学研究の資するところにあらんとす［寺田　一九八一：二五六―二五七に引用］。

当時の日本帝国主義との関わりのなかで人類学科が開設されたことが読み取れる。開設された人類学科では、長谷部言人が総論、生体、骨学を、須田義昭が人類誌を、八幡一郎が先史学を担当した。必須科目として、人類学検査法、演習、野外巡検、卒業論文があった〔寺田　一九八一：二五七—二五八〕。この学科は理学部に置かれたので、授業は自然人類学を中心とするものだったが、「土俗学」が開講されている点は注目に値する。土俗学という言葉は今日では死語になっているが、「民族学、民族誌」のことで、台北帝大に置かれた講座も「土俗・人種学」だった。[18]

社会・文化人類学専攻の学科ができるのは戦後である。一九四九年に東京都立大学人文学部に社会学専攻が設けられ、一九五一年に住谷一彦（助手）、岡正雄（教授）が赴任し、この二人によってのちの社会人類学専攻の礎が築かれた。一九五二年には鈴木二郎（助教授）、蒲生正男（助手）、祖父江孝男（助手）が赴任し、人文学部社会学専攻に社会人類学その他の科目が開設された。そして一九五三年には馬淵東一が教授として赴任し、大学院社会人類学専攻が誕生した。[19]東京大学では、前述のように、一九五一年に石田英一郎が東洋文化研究所文化人類学部門教授、泉靖一が助教授として着任し、一九五四年には教養学部に文化人類学及び人文地理学分科が開設された。ともに植民地主義・帝国主義に加担した「民族学」という言葉が避けられている点が注目される。

研究所は、戦前にも必要に応じて創られてきた。一九三八年に企画院の外郭団体として東亜研究所ができ、宇野円空、小山栄三、西村朝日太郎らが関与している。一九四一年には東京帝国大学に東洋文化研究所が設置され（ただし文化人類学部門ができるのは戦後）、一九四三年には先述のように岡正雄らが関わった民族研究所ができる。さらに一九四四年には西北研究所が開設され、今西錦司所長のもとで内陸アジアの調査研究がおこなわれた。また、南満州鉄道調査部東亜経済局には戦時中、古野清人、馬淵東一らが関わっている。

戦後は、一九六三年に京都大学東南アジア研究センター（現京都大学東南アジア地域研究研究所）、一九六四年に東京外国語大学アジア・アフリカ言語文化研究所、一九七四年には国立民族学博物館（民博）が設置された。これらの研究所は民族学・人類学の研究拠点として大きな役割を果たし現在にいたっている。

三　研究室

研究室は大学等における研究・教育の基本単位で、教員にとっても学生にとっても最も身近な学問伝承の場である。物理的な空間であると同時に社会的なコミュニティでもある。今でこそ多くの大学に文化人類学関連の研究室が設けられているが[20]、戦後間もない頃は研究室をもつ大学は、東京大学、東京都立大などに限られていた[21]。東京大学文化人類学コースでは、一九五九年三月に『研究室だより』が創刊され、石田英一郎が次のような「創刊のことば」を寄せている。

（本郷赤門脇の）この研究室は東京大学内に分散する人類学の研究教育体制にひとつのセンターを設けようという矢内原前総長時代の構想に端を発したのが、事情により、文化人類学のみの共同研究室として発足することになったものである。ところがその創設は、新規の文部省の予算の裏付けを伴わない東大だけの学内措置によったものだから、ほとんど無から出発して一応研究室の体をととのえるだけでも、なみ大抵の苦労ではなかった。……ちょうど四年前の春、みんなであの高い階段を、駒場や東洋文化[22]からかり集めた本棚やテーブルをやっと四階まで運び上げて、八つの部屋に並べ終え、階段口の広場に集まって一服したとき、頭上では幾百のガラスをちりばめた丸天井が夕空の光を受けて美しく輝いていた。「プラネタリウムのようだ」と誰かが口にすると、泉（靖一）君は「これから何年かたてば、この研究室からも、世界のあちこちへエクスペディションにでかけるだろう。そしておおきな成果をたずさえてはこの『プラネタリウム』の下に帰ってくるのだ」と言った。

『研究室だより』は学生たちが編集し、六号（一九六二年七月）までは手書きのガリ版刷りで、九号（一九六四年三月）まで続いた。[23] 各号には、教員や学生たちの活動・動向、茶話会[24]の記録、開講授業情報、世界各地で研究しているメンバーからの便り、「新人」（新入生）の紹介、連絡先などが掲載され、今となっては東大文化人類学研究室草創期の貴重な記録となっている。

この間、教員のうち石田英一郎、泉靖一、寺田和夫はアンデス地帯学術調査（一九五八〜一九六九年）、曽野寿彦は江上波夫を代表とするイラク・イラン遺跡調査（一九五六〜一九六五年）などの海外調査に従事している。こうした調査に刺激されて大貫良夫（アンデス研究）や松谷敏夫（西アジア考古学）のような研究者が育った。中根千枝はこの時期、国内よりも海外（ロンドン大学やシカゴ大学）で研究に携わり、大林太良は『研究室だより』が創刊された一九五九年当時はドイツのフランクフルト大学で在外研究をおこなっていた。

都立大の岡正雄が非常勤講師として教えに来ていた点が注目される。また、茶話会では京大の今西錦司も発表している。当時の人類学においては大学間の垣根は低かったのかもしれない。岡は講義でアフリカ民族誌を取り上げ、学生たちにしきりにアフリカ研究をすすめていたという。これに刺激されて「アフリカ研究会」が立ちあがり、川田順造、長島信弘、阿部年晴などが育った［川田　一九八三：一二一―一二三］。その意味では岡は日本におけるアフリカ研究の生みの親でもあった。また、ゴードン・ボウルズ（Gordon Bowels）、ゴードン・ヒューズ（Gordon Hewes）、ジョン・ペルゼル（John Pelzel）など外国人講師が教授陣に加わり、茶話会でも、石野巌（ミシガン州立大学）、別府春海（カリフォルニア大学ロサンゼルス校）、宮崎信江（ブラジル・サンパウロからの留学生）など外国からの留学生が発表している。

学生たちのうち博士課程の大給近達はブラジル、三浦（佐藤）信行はペルーでフィールドワークをおこなっており、須江（原）ひろ子も米国ピッツバーグ大学、ブリンマー・コレッジに留学し、カナダで調査を始めている。こうして、

『研究室だより』二号（一九五九年六月）の巻頭言で泉が言うように、文化人類学研究室は「世界に通ずる」人類学実践の場となっていった。修士以下の学生たちの多くは国内でフィールドワークをおこなっていた。当時、日本文化の地域性研究プロジェクト（一九六〇～一九六五年）が展開され、学生たちを巻き込みながら現地調査が実施されていた。[25]

興味深いのは、この時期、文化人類学のあり方をめぐって活発に議論がおこなわれていたことである。当時は文化人類学に関して教員の間でも一致した見解がなく、また戦中派の教員と戦後派の学生の世代間の違いも大きかった。研究会（旧茶話会）はこうした討論の場で、とくに一九六三年度の研究会では「文化人類学の領域」をめぐって教員（大林、中根、曽野、石田、増田、泉）が見解を述べ、学生との質疑がおこなわれている。

私が文化人類学分科に進学した一九七〇年には『研究室だより』はすでに廃刊となっていて、研究会も開かれていなかった。他方、一九七三年に入った都立大大学院では、社会人類学研究会がおこなわれていた。これは学期中二週間に一度学生たちがそれぞれの研究テーマを発表・議論するというものだった。研究会のあとは酒が入り、「饗宴」となった。そのためのビール等の買い出しは新入生の担当で、私が都立大に入ってまずやらされたのはこの買い出しだった。[26]

大学や研究室によってその「文化」は異なっており、学問伝承のあり方も異なっている。山極寿一と尾本恵市は東大と京大の違いについて論じ、山極は京大では今西錦司以来飲み屋で人類学を教わるという伝統があったと述べている［山極・尾本 二〇一七：五〇―五二］。都立大の研究会が「饗宴」の色を濃くし、研究会のあと近くの居酒屋にいくことが多くなったのは、当時教授だった石川栄吉が京大出身だったからかもしれない。

四　授業

授業は学問の伝承にとって基本的な場である。発足当時の東大文化人類学分科の授業については川田順造が詳しく報告している。川田は一九五六年の秋、文化人類学及び人文地理学分科の第二期生として理科二類（生物系）から進学した。第一期生は原忠彦、須江ひろ子（のちに原忠彦と結婚し、原ひろ子となった）、アメリカ分科から再進学した岡田宏明の三人だった。興味深いことに、当時の教員には文化人類学の専門教育を受けた文化人類学者はおらず、「自分が受けられなかった十分な人類学の教育を次のアカデミック・ジェネレーションには、是非受けさせたい」という石田の念願で総合人類学の教育が始まった［川田　二〇一二：二八三］。

川田が受けた授業は、必修科目として自然人類学の講義（ゴードン・ボウルズ担当）と実習（生体観察、生体計測、ヒトと他の霊長類の頭蓋骨の比較デッサンなど。須田昭義・寺田和夫担当）、先史考古学の講義（江上波夫・八幡一郎担当）と演習（ゴードン・チャイルド〈Gordon Child〉やロバート・ブレイドウッド〈Robert Braidwood〉の原書講読。曽野寿彦担当）、発掘実習（曽野寿彦担当）、縄文研究実習（異なる撚り方のこよりを自分で作って粘土板の上に転がし、どういう型の縄文ができるかを実体験する。山内清男担当）などで、自然人類学と先史考古学に比重が置かれていた。

私が文化人類学分科に進学した一九七〇年には石田はすでに亡くなっており、分科主任教授は泉靖一だった。当時はクロード・レヴィ＝ストロース（Claude Lévi-Strauss）の構造主義が流行り、山口昌男がジャーナリズムで活躍し、文化人類学は花形学問の一つだった。そのせいか、私と同じ年に文化人類学分科に進学した学生は一三名もいて、泉がこんなに大勢の学生が文化人類学に入ってきたのは「前代未聞、空前絶後」だと述べ、中根が「空前絶後かどうかはわかりせんよ」とコメントした(27)。

図12　大林太良（1929－2001）

では、どのような授業が開講されていたのか。一九七〇年度の授業科目と担当者は以下の通りである。人類の変異（寺田和夫担当）、世界の言語（柴田武担当）、先史時代の世界史（鈴木尚担当）、民族誌（大林太良担当）、文化人類学野外実習（大林太良・吉田禎吾担当）、人類学実験（寺田和夫担当）、技術発達史（開講せず）、社会の構造（中根千枝担当）、未開人の世界観（開講せず）、文化人類学演習（泉靖一担当）、意味論（池上嘉彦担当）、考古学調査法（松谷敏夫担当）、民族と文化（中川文夫担当）、日本民俗学（竹田旦担当）。

こうしてみると、川田の学生時代と同様、形質、先史（考古）、言語、文化の四分野からなる総合人類学の体制は維持されていた。もっとも、私自身は形質、先史、考古にはあまり関心がなく、興味をもったのは大林の東南アジアや南西中国の民族誌に関する授業だった。この講義を通してある地域の言語から地理、生業、物質文化、社会組織、宗教までの文化について記述する民族誌という分野をはじめて知った。

もう一つ印象に残っているのは泉の文化人類学演習で、『古事記』がテキストだった。当時はレヴィ＝ストロースの影響もあって神話ブームで、泉も『古事記』に関する論考を発表していた。そうしたなかで、授業は皆で『古事記』を読みながら、泉が解説を加えるというかたちで進められた。当時泉はとても多忙で、授業は彼にとって居眠りの時間だった。学生が担当部分を発表する間、泉は居眠りをしていて、発表が終わると突如目を覚ましてコメントするのである[28]。しかし、一九七〇年一一月のある日、授業に出てみると先生の突然の訃報が知らされた。死因は脳出血だった。

必修授業の一つだった野外調査実習のことにも触れておこう。私が進学した年は、宮城県石巻市の田代島で実習がおこなわれた。調査のテーマは各自の関心に応じて選ぶことになっていて、私は宗教儀礼について取り上げた。何を調べたのか忘れてしまったが、覚えているのは、様子を見に来た吉田禎吾先生がかしこまって村人に質問していた姿や一年先輩だった船曳建夫がお婆さんの水着について聞き取りをしていたことなどである。こうした合宿型の調査実習は、フィールドワークの手法を習得する機会であり、同時に研究室コミュニティの「統合儀礼」でもあった。

東大の総合人類学教育が成功したのかどうかについては、石田も一九六六年の時点で、「(大学院では)本年から文化人類学と自然人類学とをそれぞれ社会学系と生物系とに分かれしめるにいたった。この意味では、東大における文化人類学課程の新しい実験は失敗に帰したかに見える」と述べている[石田　一九六六a：三六七]。縦割り型の日本の大学組織においては、理系と文系を統合した総合人類学を作り出すことは難しかったのだろう。今日では自然人類学や先史考古学はもはや必修ではない(29)。

授業において師から弟子に学問がどのように伝えられるのかは結構複雑な問題である。私は大林の授業に感銘を受けたが、その学風は継承しなかった。逆に、寺田の人類学実験にはさほど関心をもてなかったが、インドネシア・トラジャでのフィールド調査のときは、授業で学んだ「頭骨の測定」を思い出し、実践した。総合人類学は失敗したかもしれないが、考古学や言語学の知識は現在でも頭の片隅に残っている。血脈はどこかでつながっているのである。

五　教科書

川田が学生だった頃は、日本ではまだ人類学の教科書はなく、アメリカ人類学の古典的教科書であるアルフレッド・クローバー(Alfred Kroeber)の *Anthropology*(初版　1923)などを皆で手分けして読んでいたらしい[川田二〇一一：二九一〕。私が文化人類学を学び始めた頃は石田英一郎らによる『人類学』（一九六一年）が一般教育科目のテキストとして用いられていた。表紙には南米のアマゾン・シングー川の上流に住むカマユラ族の写真が使われ、人類学とは「未開社会」の研究だというメッセージが伝えられている。

この教科書は、『民族学研究』（三四巻二号、一九六九年）において中根千枝の司会でおこなわれた「文化人類学のテキスト、概説書、参考書——合評会形式による」で取り上げられ、原忠彦が次のように手厳しくコメントしている。本書は「総合人類学」を意図しているようなので、「総合」がなければならないのだが、その点で欠けているところが多い。先史学や人種に関する記述が多く、アンバランスである。学説史の部分がまったくない。さらに不適当な図や説明の不十分な図が多く、用語も不統一、ものの考え方というより概念の羅列、間違いがあるなど、「全体として現在の水準より見てこの本は教科書として不適であり全面改訂の要があると考えます」。

これを受けて香原志勢が、中学生のときの漢文の教科書について担当の先生が「この本をなぜ選んだかというとこの本は間違いだらけの送りがながある。それを直すことによって実力がつくんである」と言っておられた。この本を見ると、いつもそれを感じると述べている。教科書を正しいと思うな、間違いを見つけることによって力がつくという考え方は、反面教師的な「伝承の論理」としてきわめて興味深い。

もう一つ、蒲生正男・祖父江孝男編『文化人類学』（一九六九年）を挙げておく。先の合評会では、この本については松園万亀雄が、まず小さくて軽く値段が安く、その点で教科書として非常に適当だと述べている。次にこの本の良いところはそれぞれの著者の関心をもっているところがうまく生かされている点だと言い、いままでの人類学の成果をかなり平易なことばでまとめているところがよい、としている。他方、松谷敏夫がこの本からは文化人類学の思想というものが何も受け取れない、これを使って文化人類学のイメージが学生に伝わるのかはあまり期待できないのではないかと指摘し、香原は身体あるいは生物学的側面の文化というのをまったく無視して書かれていると批判している。さらに、日本の研究、とくに沖縄あたりで盛んに調査がおこなわれているので、その事例をもう少し積極的に出したほうがよい、未開社会ばかりでなく現代社会も対象に入れるべきだと指摘され、中根が日本の人類学として大いに考えるべき問題だと結んでいる。

この二冊の教科書の書評からだけでも、日本の人類学教科書をめぐる興味深い問題がうかがえる。まず、川田らが使ったアメリカの教科書の分厚さに比べると、日本の教科書は、松園が指摘するように、一般に薄いという点である。本の厚さ、つまり頁数は値段に直結し、学生が買いやすく、持ち運びしやすい本にするには薄くする必要があり、この傾向は現在も続いている。また、日本の教科書は、複数の著者が専門とするところを分担して執筆することが多く、全体としての統一感がなく、松谷が指摘しているように、思想（考え方）の伝達という点では必ずしも成功しているとは言えない。

図13　石田英一郎・泉靖一・曽野寿彦・寺田和夫『人類学』（東京大学出版会、1961年）

私自身は、クリフォード・ギアツ（Clifford Geertz）の人類学者の仕事とは「民族誌する（doing ethnography）」ことだという考え方［Geertz 1973: 5］に共鳴し、ある時期から概説的な教科書を使わず、私自身のインドネシアのトラジャやバリのフィールドワークを紹介し、「民族誌する」ことについて解説することが多くなった。もっとも、理論や専門用語の解説は必要なので、船曳建夫との共編著『文化人類学キーワード』[30]（一九九七年）を参考書として使った。また、ビデオを使うことも多くなった。動画の方が情報量も多く、「百聞は一見にしかず」というフィールドワークの考え方とも合致すると考えたからである。

東大退職後、私はある私立大学に移り、人類学を専門としない学生たちを相手に授業するようになった。そして毎回授業終了後にリアクションカードを書かせ、次の授業の始めにそれにコメントするというスタイルをとるようになった。授業評価アンケートなどを見ると、学生は授業内容というより教員の「熱心さ」を評価しているようだった。それゆえ、知識よりも面白さを伝達することができれば、専門教育ではない人類学教育の意義があるのかもしれないと思うようになった。いずれにせよ、授業とは学生とのコミュニケーションの場である。相手が変われば伝達しようとするメッセージも変わるのである。

六　座談会・シンポジウム

学問伝承という点では、座談会やシンポジウムもきわめて重要な場である。ここでは『民族学研究』誌上でおこなわれた四つの座談会を取り上げてみよう。

まず、一九四八年に石田英一郎の司会で、江上波夫、岡正雄、八幡一郎によっておこなわれた座談会「日本民族＝文化の源流と日本国家の形成」である（『民族学研究』一三巻三号、一九四九年）。この座談会は戦後におこなわれているが、岡の議論は一九三三年にウィーン大学に提出した「古日本の文化層」からのものだったし、江上や八幡の論も、戦時中毎夜B29の空襲に脅かされていた頃、赤坂霊南坂の民族研究所に寝泊まりして、燈火を消して一室に集まり、退屈なままに夜を徹して勝手な議論やアイデアのやりとりに花を咲かせたことに基づいているらしい［石田・江上・岡・八幡　一九五八：三三五―三三六］。その意味では、これは戦前・戦中の研究成果だったわけだが、日本人類学が発足当初からもっていた「日本人とその民族文化の起源」という問いに対する民族学の側からの回答でもあり、戦後の民族学・人類学にとって出発点となった。この座談会は一九五八年に平凡社から『日本民族の起源――対談と討論』として出版され、とくに日本の支配層（天皇家）の外来性を主張する江上の「騎馬民族征服説」は大きな反響を呼んだ。戦前なら、こうした議論は許されなかっただろう。そうした意味では、本書は戦後の民族学の成果なのである。もう一つは、やはり石田英一郎が『民族学研究』誌上で組んだ特集「ルース・ベネディクト『菊と刀』の与えるもの」である（『民族学研究』一四巻四号、一九五〇年）。『菊と刀』は、太平洋戦争中の米国にとって「もっとも異質な敵」であった日本人を理解しようとしたアメリカ人類学の古典である。ベネディクトは日本に来たことはなかったが、米国戦時情報局（Office of War Information）で敵国日本の研究に従事した。その意味では本書は米国における人類学の戦争協力の成果だった。この特集には川島武宣（法社会学）、南博（社会心理学）、有賀喜左衛門（農村社会学）、和辻哲郎（倫理学）、柳田国男（民俗学）が論考を寄せている。

興味深いのは、この特集には厳密な意味での民族学者・人類学者が登場していないという点である[31]。民族学は外国研究が主流で、日本を対象とした研究者がいなかったせいだろうか。あるいは、戦争に勝った米国の人類学と戦争に負けた日本の民族学との違いによるものだろうか。米国ではベネディクトら人類学者の敵国研究により戦争に勝ったという評価が人類学の社会評価につながったようだが、日本では岡らの民族研究所は大した成果も上げられないまま敗戦を迎え、民族学者は戦犯呼ばわりされた。ＧＨＱ配下のＣＩＥ（民間情報教育局）には多くの米国人人類学者が来ていて、アメリカ人類学は日本が見習うべき戦勝国の学問だった。学問の評価も戦争の勝ち負けによって変わってくるのだろうか。

さらにもう一つ見ておきたいのは「特集社会調査」座談会（『民族学研究』一七巻一号、一九五三年）である。岡田謙が司会し、泉靖一、岡正雄、鈴木二郎、鈴木栄太郎、喜多野清一、小山隆、桜田勝徳、関敬吾ら二〇人が参加している。これは日本における社会調査の歴史と問題点を整理しようとしたものだが、背景にはＧＨＱが推し進めようとしていた農地改革問題があった。喜多野などはこうした政策協力的な調査には懐疑的だったようだが、桑山敬己によると、この調査は戦後日本を舞台にした「ネイティブと非ネイティブの研究者による共同作業」のさきがけだった〔桑山 二〇一二〕。

さらに、戦勝国アメリカは一九五〇年から「アメリカ研究セミナー」をおこなった。そうした流れのなかで、石田英一郎は一九五二年から五三年にかけて渡米し、アメリカの人類学を視察した。一九五四年の第六回アメリカ研究セミナーにはハーバード大学のクライド・クラックホーン（Clyde Kluckhohn）が招聘され、日本の研究者たちと交流している。戦後の日本人類学はある意味で占領軍＝アメリカにより「植民地化」され、アメリカ人類学の影響を大きく受けたのである。

最後に、日本民族学会設立五〇周年を記念して一九八四年におこなわれた「座談会 日本における民族学」を挙げておきたい（『民族学研究』四九巻四号、一九八五年）。そこでは川田順造の司会のもと、岩田慶治、大林太良、祖父江孝男、中根千枝、山口昌男が日本における民族学の成立経緯とそのあり方をめぐってそれぞれの立場から発言している。(32) 参加者は、岡や石田の次の世代、私にとっては師に当たる世代で、日本における人類学・民族学の発展と継承をめぐるさまざまな問題が、日本国内（東京と京都）および他国（イギリス、ドイツ、フランスなど）との比較のなかで論じられた。

七 現地調査

敗戦後、外地を失った日本の民族学者たちは内地の周辺部に目を向けた。関本照夫が指摘するように、これは周辺性に惹かれる人類学者の「遠心的な」特性によるものだと言えるかもしれない〔関本 一九九五：一三三―一四一〕。

そうしたなかで、一九五〇〜五二年にかけては、当時日本民族学協会会長だった渋沢敬三のもとで対馬や能登で共同調査がおこなわれ、一九五一年からは三年間にわたって、岡正雄会長のもとで北海道のアイヌ民族に関する総合調査が実施された。先述のように、アイヌ民族調査は以前からおこなわれていたが、このアイヌ民族調査で中心的な役割を果たしたのは泉靖一と杉浦健一だった。従来の研究では社会構造の側面が欠けており、彼らは一九五一年の予備調査でこの点に注目しながら調査をおこなった。

一九五一年夏にアイヌ民族総合調査に参加した祖父江孝男は次のように回顧している。

> 一行はたしか三〇名ほどだったと思う。民族学班には当時、法政大学の教授であった石田英一郎先生をはじめとして、杉浦健一、岡田謙、泉靖一等々の諸教授の顔ぶれが並び、自然人類学の方々はと言えば、須田昭義、島五郎等々の諸先生で、いずれも意気甚だ さかんであった。これら一行が調査地である北海道日高郡平取村の旅館に何日も泊まって調査がおこなわれたのである。そして夜ともなれば、大広間でみないっしょの雑魚寝であったから、ひとりひとりの先生の性格や特徴などを知る上には大へんめぐまれた機会だった［祖父江二〇〇五：一九］。

欧米の人類学者の単独型のフィールドワークと異なり、日本ではこのような合宿型の共同調査がおこなわれることが多かった[33]。この方式だと集団で寝起きするため、有形無形の知識を共有することとなり、血脈を形成する重要な機会となる。先に述べた私が学生の頃の調査実習もこのタイプだった。また、かつては学会などで先輩などと旅館で「相部屋」になることも多く、これが学問伝承の重要な機会となったという[34]。

ところで、一九五三年の調査で北海道の十《と》勝太《かちぶと》のあるカラフト・アイヌの老女を訪ねたとき、泉はどなりつけられる。「おめたちは、カラフト・アイヌがどんなに苦労をしているか、どんな貧乏をしているかしるめえ、それにこのこ、こんなところまで出掛けてきて、おれたちの恥をさらす気か？　それとも、おれたちをだしにして金をもうける気か、博士さまになる気か!」泉は激しい衝撃を受け、ただあやまって調査をせずに帰ってきたという。[35] その時以来、アイヌの人びとに会うのがつらくなり、アイヌ民族の実態調査を断念した。そうしたなかで、フィールドワーカーとしての自分に大きな疑いを抱かざるをえなくなったと泉は述べている〔泉 一九七二:三〇八〕。

さて、日本経済の回復とともに海外での調査が可能になると、日本の人類学者は再び海外に出かけるようになる。日本民族学協会は一九五七年に松本信広を代表とする東南アジア稲作民族調査団を派遣した。これとは別に同年、梅棹忠夫は大阪市立大学東南アジア学術調査隊の隊長としてタイ、カンボジア、ベトナム、ラオスを訪れ、その調査を踏まえて『東南アジア紀行』(一九六四年)を著している。泉もアイヌ民族の調査を断念したあと、関心を南米に移し、一九五八年から一九六九年まで東京大学アンデス地帯学術調査を組織し、「文明の起源」を探るプロジェクトに没頭するようになる。

一九六〇年代になると、科学研究費による海外調査も整備されていった。また、一九六八年には文部省アジア諸国派遣留学制度が始まり、学生も海外でフィールドワークをおこなうことができるようになった。さらに一九七〇〜八〇年代になると、日本企業の世界進出にともない、日本の人類学者は世界中の文化に眼を向けるようになった。

八 留学

日本の近代学問は、欧米の学問を学ぶことから始まった。留学はそのための重要な機会である。先述のように、坪井正五郎は一八八九年から三年間英国に出張し、エドワード・タイラーなどと会っている。一九三〇年代にウィーンに留学した岡正雄や石田英一郎はヴィルヘルム・シュミットやヴィルヘルム・コッパースらに師事した。中根千枝は一九五〇年代にロンドン大学のレイモンド・ファースのセミナーで社会人類学を学んだ。多くの日本の人類学者にとって留学は、外国人の師や研究仲間と出会う貴重な機会となり、それぞれの人類学の形成にとって大きな意味をもった。

留学先は必ずしも一つに限られない。石田は、戦前はウィーンに留学して歴史民族学を学んだが、戦後は渡米してアメリカの総合人類学を研究した。中根千枝もインドに留学してフィールドワークをおこなった後、イタリア、イギリス、アメリカなどで在外研究に従事した。川田順造も西アフリカでフィールドワークをおこない、フランスで博士論文を書いた。私も最初の留学先はインドネシア大学で、クンチョロニングラト（Koentjaraningrat）先生の指導のもとでトラジャでのフィールドワークをおこなった。その後、米国コーネル大学、英国ケンブリッジ大学、オランダ王立言語地理民族学研究所など欧米での在外研究に従事した。

同時に、留学は日本の文化や社会を見直す重要な機会にもなる。岡は次のように述べている。

（ウィーン大学留学中）講義の途中や終了後、私はよく日本や台湾や朝鮮の問題、とくに石器時代の問題につきハイネ・ゲルデルンから質問を受けたり、意見を求められたが、もとより私は先史学を専攻したわけでもなく、返答に窮することも多かった。私はウィーンで使用できた日本の「人類学雑誌」や「考古学雑誌」、私が日本から携行したわずかな文献を渉猟し、資料を整理して、回答したこともしばしばであった。またゼミナールで、教授たちの要請によって日本に関する研究報告をたびたびさせられたが、今から追想して見ると、こうしたさまざまな経緯が、だんだんに「古日本の文化層」の構想へと発展していき、シュミット、コッパース、ハイネ・ゲルデルン、それに先史学者のメンギーン（O. Menghiin）などの熱心な慫慂もあって、ドクトル論文としてまとめざるを得ないことになってしまったのである［岡正雄　一九五八：三〇五―三〇六］。

中根千枝が『タテ社会の人間関係』を書いたのは、長いこと外国にいて久し振りに日本に帰ってみると、「日本がエキゾチックに見えたこと」がきっかけだった。[36] 梅棹忠夫もインドから日本に帰ってきて「日本はさむいところだ」と感じ、日本と西欧を同列にみるという『文明の生態史観』のユニークな発想につながった［梅棹　一九六七：九］。私もコーネル大学で在外研究中、日本のことが気になり、柳田国男の著作を読み、柳田国男に関するコンファレンスを組織した［Koschmann, Oiwa, and Yamashita 1985］。また、カリフォルニア大学バークレー校滞在中は、サンフランシスコ地域の日本人社会を調査した［山下　二〇〇九：三六―四〇］。留学はこうして自文化に対する関心を呼び起こすきっかけにもなるのである。

九　最終講義

最終講義というものがある。授業ではその都度の話題によって学問の伝承がおこなわれるが、最終講義にはその人の研究人生を通じた伝えたい想いが凝縮されている。その想いは研究者によって違うが、学問の伝承を考えるうえできわめて貴重である。以下に取り上げるのはたまたま私の手元にあった二つの最終講義録からである。

一つは、鈴木二郎が創価大学を退職したときのものである。鈴木は戦前、戦後を通して日本の民族学の研究の中枢にいて、戦後は長いこと東京都立大学で社会人類学を教えた。都立大退職後は、東京造形大学学長、明星大学教授、創価大学特任教授を務めた。ここで紹介するのは、一九九七年に創価大学を退職するにあたっておこなわれた最終講義である［鈴木　一九九七］。

話は彼の三〇代の講義ノートから始まる。たまたま残っていたノートをめくってみると、間違いだらけだった。よくもこんなひどいことを学生諸君に話したと思い、大変恥ずかしくなったという。そして東大医学部の沖中重雄教授が最終講義で彼の在任中の誤診率は一四・二パーセントだったと述べたことを引き合いに出して、沖中教授が偉いのは、誤診を内輪の問題にせず、堂々と公にしたことだと評している。また、渋沢敬三も「間違えや失敗をきちんと公にすることはとても大事なことだ」と言っていたと振り返っている。学問の進歩とは間違いの修正によってもたらされるのだ。最終講義で自己の業績を正当化するのではなく、自分の間違いを指摘する勇気が重要だと結んでいる。

もう一つは、清水昭俊が二〇〇六年に一橋大学を退職したときのものである［清水昭俊　二〇〇六］。清水の最終講義は、一九六〇年代末、東大大学院在学中の「東大闘争」時の話から始まっている。この部分――彼の言う「ゼロポイント」――が全体の半分くらいの量を占めているのが特徴だ。そこで提起されているのは、就職をめぐる教員と学生の関係、教員の研究至上主義的な態度、日常的社会秩序と権力の関係、そして帝国主義と人類学の関係などである。

図 14　鈴木二郎（1916－2008）

また、この講義録には一九六八年春に北海道のアイヌ民族を訪ねたときのエッセイ「人類学的調査についてのノート」が収録されている。このエッセイでは、差別に苦しめられてきたアイヌ系住民の取りえたほとんど唯一の対処策は、和人への同化であったこと、それゆえアイヌ系だと分からなくなること、それが彼らの念願であるとしている。彼らにとってはアイヌ民族研究者がやってくることすら差別の現れなのであり、苦痛なのだと述べ、「人類学者と調査対象社会とは植民地的な支配関係にあり、人類学者はしばしばこの支配的関係を自己の調査利益に活用したこと、民族誌の記述ではこの植民地的な調査環境を無視してきたこと、そのような条件の制約故に『普遍的人間性に基づいた人類学』は自己矛盾である」と指摘している。後日、このエッセイを祖父江孝男に見せたところ、これは日本で人類学の倫理について書かれた最初の論文だという評をいただいたという。

ちなみに、私自身は二〇一三年に東大を退職したとき、最終講義はおこなわず、代わりに記念シンポジウムをもった。アメリカでは、先生の退職にあわせて、弟子たちが学会等で先生の業績を検証する分科会を開くケースがあり、それを真似てみたのである。そしてそれまでの研究活動や教育活動を『駒場をあとに――東京大学退職にあたって』という小冊子にまとめた。

一〇　追悼

追悼というかたちでの血脈の確認形態がある。例えば、『民族学研究』(四八巻一号、一九八三年)には岡正雄の追悼特集が組まれ、関敬吾、白鳥芳郎、西村朝日太郎が追悼文を寄せ、大林太良、江守五夫、青柳真智子、高橋統一、大森元吉、坪井洋文、山口昌男、綾部恒雄、中村たかを、竹村卓二、岩田慶治、青柳清孝、川田順造、祖父江孝男、岡田宏明、野口武徳、住谷一彦ら一七名が追悼のエッセイを寄稿している。

そのエッセイを見ると、歴史民族学(大林)、年齢階梯制(江守)、日本の古文化と双分制(青柳真智子)、宮座(高橋)、産屋・他屋等(大森)、日本民俗文化の体系化(坪井)、異人その他(山口)、エスニシティ(綾部)、民研論争(中村)、華南研究(竹村)、東南アジア研究(岩田)、黒人研究(青柳清孝)、エトノス(川田)、ポーズ論(祖父江)、エスキモー研究(岡田)、映像人類学(野口)、ヨーロッパ研究調査(住谷)など多様なテーマが並び、多岐にわたる岡民族学の血脈が確認されている。

もう一つは、一九七九年に古野清人が亡くなったときの馬淵東一の追悼文である[馬淵　一九八八：三三七―

たのである。

三四七〕。馬淵が古野に初めて会ったのは一九三一年、古野が高砂族慣習用語採集のために台湾に出張してきたときだった。馬淵は当時台北帝大を卒業したばかりで高砂族の調査に携わっていて、古野の案内役を務めることになったのである。

この時、当時台頭してきたイギリス社会人類学の機能主義者のうちブロニスラフ・マリノフスキー（Bronislaw Malinowski）とA・R・ラドクリフ＝ブラウン（Radcliffe-Brown）のどちらを重視するかと古野が馬淵に尋ね、馬淵が「ブラウンの方が肌に合うらしい」と答えると、古野は「それは大いに結構」と応じたという。デュルケミアンとして古野はデュルケームの社会学理論に基づいて構造機能主義理論を展開したラドクリフ＝ブラウンを評価していたのだろう。いずれにせよ、一九三〇年代の台湾山地で、日本の人類学者がマリノフスキーとラドクリフ＝ブラウンを論じているのは、トランスナショナル・アンソロポロジーの観点からきわめて興味深い光景である。

古野は戦後九州大学教授などを経て一九六〇年に岡の後継者として東京都立大学に着任し、馬淵の同僚となっている。一九六三年に都立大学を定年退職し、その後は駒沢大学などで教鞭をとった。古野との最期の対話も戦前のマリノフスキー対ラドクリフ＝ブラウンの問答をめぐるものだった。「記憶しておられるか」と馬淵が聞いたところ、古野は満足げに微笑し、握手を返したという。

三つ目の例は、山口昌男の追悼集会である。逝去後三ヶ月を経た二〇一三年六月に山口が勤務していた東京外国語大学アジア・アフリカ言語文化研究所（AA研）で「人類学的思考の沃野」と題する追悼シンポジウムが開催された。当時、東京外国語大学理事だった宮崎恒二、AA研所長だった三尾裕子、日本文化人類学会会長だった小泉潤二が挨拶し、青木保が基調講演をおこない、渡辺公三、真島一郎、落合一泰、栗本英世、船曳建夫、今福龍太などが発言した〔真島・川村編　二〇一四〕。AA研で同僚だった中沢新一は『朝日新聞』（二〇一三年三月一二日）紙上で次のように述べていた。

アフリカでもメラネシアでもヨーロッパの片田舎でも、世界中どこへでも平気で出かけていき、土地の人たちとも世界の知的巨人たちとも、まったく物怖じすることなく、対等に渡り合うことができた。相手がレヴィ＝ストロースだろうがロマン・ヤコブソンだろうが、あの恐ろしい発音でまくしたてる英語やフランス語で、堂々と対話や論戦を申し込んだ。すると知の世界の巨人たちは、その自信たっぷりの勢いに気おされてか、喜んで胸襟を開いたのだった。この点でおよそ日本人ばなれしていた山口昌男の辞書には、「コンプレックス」という言葉はなかった。

生前の山口を彷彿とさせる追悼文だが、私自身は、山口は「コンプレックス」の人でもあったと考えている。私は山口の弟子ではなかったが、彼が主催していたＡＡ研の「象徴と世界観」研究会に参加させてもらい、一九八〇年代末に山口と岩手県の早池峰神楽見学の合宿に参加した。合宿中のある晩、山口は、自分が有名になるためにどれだけ苦労したか知っているかと一席ぶったのである。考えてみると、山口の人生は必ずしもエリート学者のそれではなかった。北海道美幌町という辺境の出身であり、いろいろと屈折があったようだ。彼はその屈折をバネにして、周縁の力を信じ、自らトリックスターを演じたのではなかったか。そこに山口人類学のエッセンスがあるように思える。

最後に、もう一つ取り上げておきたいのは「中根千枝先生を偲ぶ会」である。中根は二〇二一年一〇月に亡くなったが、「偲ぶ会」はコロナ禍がある程度落ち着いた二〇二二年の秋におこなわれた。山本真鳥の司会のもと、船曳建夫が開会の挨拶をし、横山廣子が中根の研究の足跡を述べ、斯波義信、石井溥、周星、結城史隆、清水展、田中一成がスピーチした。最後に親族を代表して甥の中根克、妹の松井淳子が挨拶した。開会の挨拶で船曳は次のように述べている。

実に大きな方でした。英語で言う she has class という、稀な気品をお持ちの方でした。そして、弟子たちを決して見捨てなかった。弟子たちの中で有名な、「今日の発表はまだちょっとね、来週、もう一度おやりなさい」という怖いフレーズがあります。この言葉は「まだちょっとね」、というところに主眼があるのではなく、「もう一度おやりなさい」という救いに先生のお心があります。先生が女性であったことでむしろ盲点となるかもしれないのですが、私には、先生には強い「母性」があったように思われます。親子関係より広い、人類文化に普遍の〈母性〉といったものをお持ちだったように思います。

図 15　中根千枝先生を偲ぶ会（学士会館、2022 年）

船曳が中根のなかに「母性」を見ているのは興味深い。「ボス猿みたいな」[37]岡の「父性」に対する中根の「母性」。日本の民族学と社会人類学の「父」と「母」。フィールドワークに行く学生に対して、中根は「おいしいものを食べてよく寝てれば、病気なんかしないから平気よ」と言っていたらしい[38]。これはいかにも母親が子どもに言いそうなセリフだ。清水展は東洋文化研究所の助手に採用されて、中根のところに挨拶に行ったら、「廊下で誰かに会ったら、誰にでもちゃんと挨拶しなさい」と諭され、小学校の新入生が初登校のときに母親から言われるような注意だなと思ったと述懐している［清水展　二〇二〇：一二三〇］。

一一　出版社

桑山敬己は「民族誌の三者構造」として「書く者」「描かれる者」「読む者」を挙げている［桑山　二〇〇八：八―一二］。民族誌を論じる際、書く者（調査する者）／描かれる者（調査される者）という二項対立で語られることが多いが、桑山が「読む者」という第三項を設定したことは重要である。そして読む者は民族誌の出版によって創り出されるわけだから、「民族誌の構造」には出版社という第四項も入れるべきだろう。

この点で、一九二〇年～三〇年代に民族学・民俗学や考古学の分野で多くの書籍を世に送り出した岡書院の経営者岡茂雄が注目に値する。茂雄は岡正雄の実兄で、文字通り岡家の血脈に属する人物である。陸軍の軍人だったが、一九二二年に休職して、東京帝国大学人類学教室に選科生として入学し、鳥居龍蔵のもとで人類学を学んだ。

一九二四年に岡書院を創立し、鳥居龍蔵の『人類学及人種学上より見たる東北亜細亜』（一九二四年）、南方熊楠の『南方随筆』（一九二六年）、柳田国男の『雪国の春』（一九二八年）、金田一京助の『アイヌ叙事詩――ユーカラの研究』（一九三一年）など民族学・民俗学の名著を次々に出版した。さらに雑誌『民族』や『ドルメン』などを刊行した。一九二五年には山岳専門の梓書院も創立したが、一九三五年頃には岡書院、梓書院はともに閉店し、茂雄は出版業界から身を引く。しかし、戦後も出版業を短期間ながら再開して今西錦司の『山と探検』（一九五〇年）、渋沢敬三の『祭魚洞襍考』（一九五四年）などを出版している。

岡茂雄が著した『本屋風情』（一九七四年）という本がある。タイトルは、あることをめぐって柳田国男が「なぜ本屋風情を同席させた」と言ったことから来ているらしい。茂雄は述べている。

本屋風情とは、いかにも柳田先生持ち前の姿勢そのままの表現であり、いうまでもなく蔑辞（べつじ）として口走られたのであろうが、私にとってはまことに相応《ふさ》わしいものと思い、爾来――出版業を離れて久しいが、この「本屋風情」の四字に愛着さえもつようになっていたのである。たまたま本稿が出版業当時の回想記録ともなりそうなので、こよない表題と思って、なんのためらいもなく、これを用いることにしたという次第である。いわば、柳田先生から拝領した、記念すべき表題ということになろうか〔岡茂雄　二〇一八：一一〕。

この本のなかで注目すべき章は「『人類学・民族学講座』流産始末記」である。一九三〇年の大不況下の暮れ、「どうしたもんだろう」と（同業の）岩波茂雄と話しあったとき、「今は教科書とか、辞書とか、あるいは講座ものとかに力を注いで、単行本はしばらく手控えるより仕方あるまい」という結論になった〔岡茂雄　二〇一八：九七〕。茂雄は教科書には興味はなかったが、講座と聞いた時には、ひらめくようにある構想が頭に浮かんだという。人類学・考古学や民族学などに関する講座であった。

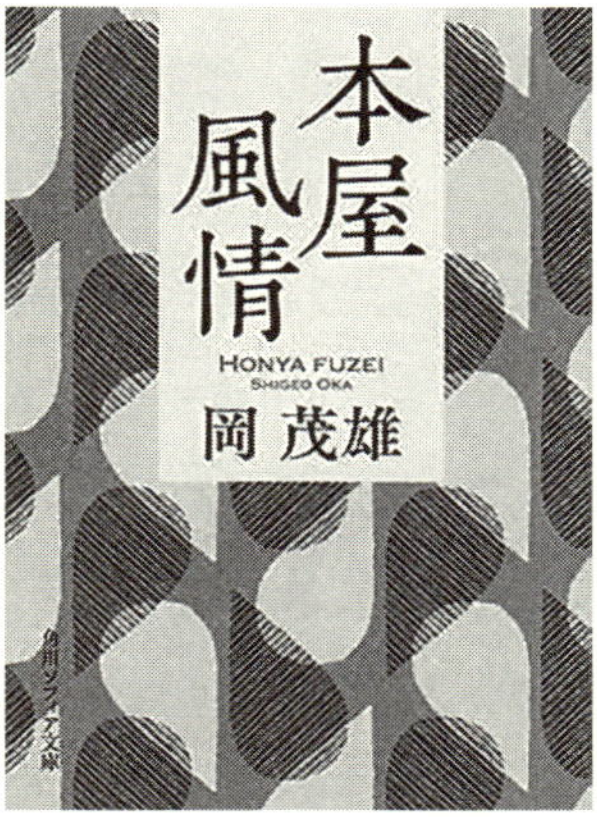

図 16　岡茂雄『本屋風情』

そこでまず柳田を訪れ、企画を話すと柳田は賛同した。次に京都に飛び、京大考古学教室の浜田青陵を訪ね協力を依頼し、新村出、清野謙次、金関丈夫などの協力も取り付ける。東京では、折口信夫、鳥居龍蔵、松村瞭、原田淑人らの協力も得られることになり、企画は実現の一歩手前のところまで進んでいた。ところが、柳田は心変わりしたのか、別の出版社の『郷土科学講座』の企画に鞍替えしていた。確かめに行ったが、企画はすでに進行していて、結局、茂雄の『人類学・民族学講座』はご破算になった。しかし、二年後には『郷土科学講座』の方も予定されていた第二冊の発刊が遅延し、頓挫してしまった。それで柳田からもう一度岡書院から講座を出すつもりはないかとさぐりを入れられたが、「岡は本屋である前に人間でした」と断わったという〔岡茂雄 二〇一八：一〇八〕。

『人類学・民族学講座』はこのように流産した。茂雄の構想が実現したのは、戦後になってからである。一九六〇年に中山書店から『現代文化人類学』（全五巻）が出た。また、一九九〇年代には『岩波講座文化人類学』（全一三巻 一九九六～九八年）が企画され、私も編集に加わった。そもそも講座とは大学などに置かれる研究・教育組織のことだが、転じて講義風に編集した啓蒙的な出版物、講習会、放送番組のことを言うようになった。その意味では講座は広く社会に向けた学問伝承の媒体と言える。

一二 パトロン・支援者

ここで取り上げる渋沢敬三は、一八九六年、東京に生まれた。日本資本主義の創始者渋沢栄一の孫である。実業家、財界人であると同時に民俗学・民族学者としての顔をもっていた。当初は動物学を志したが、祖父栄一の希望により、仙台の二高卒業後、東京帝国大学法科経済学科に進んだ。卒業後、横浜正金銀行、第一銀行などを経て一九四四年に日本銀行総裁、戦後は幣原内閣の大蔵大臣を務めた。

その一方で、渋沢は若き日の柳田国男との出会いから民俗学・民族学に傾倒した。一九二五年、自宅の倉庫の屋根裏に私設博物館[39]（アチック・ミューゼアム）――一九四二年に日本常民研究所と改称――を作り、さまざまな民俗資料を集めた。こうした資料は日本民族学会付属の民族学博物館を経て、国立民族学博物館の収蔵資料の母体となった。日本常民文化研究所は一九八一年に神奈川大学に移管された。

渋沢は、一九三四年の日本民族学会の設立にも大きな役割を果たした。学会の事務所は当初本郷和田ビル内にあったが、翌年には芝区三田の渋沢邸アチック・ミューゼアム内に移転している。一九三七年、学会の理事長だった渋沢と評議員の高橋文太郎の寄付によって東京保谷の土地、家屋、アチック・ミューゼアムの標本約二万点が寄贈され、同地に付属研究所・博物館が建てられ、事務所も研究所内に移された。一九四二年に日本民族学会はいったん解消し、財団法人民族学協会が設立され、渋沢は副会長を務めた。

戦後、一九四六年、同協会は財団法人日本民族学協会と改称し、渋沢は一九四九年まで協会の会長兼理事長となり、『民族学研究』を再刊した。一九四九年からは渋沢会長、岡正雄理事長の体制になり、協会は日本人類学会、日本社会学会、日本考古学協会、日本言語学会、民間伝承の会、のちに日本地理学会、日本宗教学会、日本心理学会を加えた九学会連合として、研究大会や共同調査をおこなった。とくに、渋沢の陣頭指揮下に一九五〇～五二年に実施された対馬や能登の共同調査は、学際的なフィールド調査として今でも語り継がれている。

民俗学・民族学を志す者に渋沢は支援をおしまなかった。渋沢のパトロン・支援者としての側面である。ウィーン大学留学時の岡正雄をはじめ[40]、宮本常一、今西錦司、江上波男、中根千枝、梅棹忠夫、川喜田二郎、網野善彦、

図 17　渋沢敬三（1896－1963）

伊谷純一郎らが留学や調査に際し、渋沢から支援を受けている。また、泉靖一は京城帝国大学の学生時代、渋沢に勧められてオロチョン族の調査報告書を『民族学研究』に投稿し、渋沢を「山よりも忘れがたい人である」と回想している［泉　一九七二：二三二］。

こうして、渋沢は日本の人類学の血脈を仕掛けるゴッドファーザー的存在であった。一九六三年に六七歳で逝去。その名は日本民族学の発展に貢献した若手研究者に贈られる「渋沢賞」に刻印されている。私も一九八九年に第二〇回渋沢賞を受賞し、渋沢の

血脈につながったことを誇りに思っている。

第三章　伝承の論理——トランスウォー期を中心に

冒頭で述べたように、本書執筆のきっかけはある国際会議で日本の人類学と帝国主義の関係を尋ねられたことだった。改めて確認すると、日本人類学は、坪井正五郎らの「日本民族（文化）とは何か」という問いに始まり、明治・大正期の日本帝国主義の拡大とともに鳥居龍蔵が帝国の各地を調査し、太平洋戦争期には岡正雄らが民族研究所を創設して大東亜地域の民族政策を担うことになった。日本においても人類学の発展と帝国主義の関係は明らかだ。それは歴史的事実である。問題はその事実をどのように理解するかだ。

アメリカの歴史学者ミリアム・キングスバーグ・カディア（Miriam Kingsberg Kadia）は一九三〇～六〇年代——太平洋戦争をはさんだ戦前・戦中・戦後——を「トランスウォー（transwar）期」と捉えている[41]［Kadia 2020］。戦前から戦後にかけての歴史を一つの連続する時期として捉えることは[42]、日本における人類学と帝国主義の関係を考えるうえできわめて重要な視点である。この章では、この時期に活躍した岡正雄、石田英一郎、泉靖一の三人の足跡をたどりながら、そこにおける「伝承の論理」を検討することで、日本における植民地主義・帝国主義と人類学の関係という問いに接近してみよう。

一　戦前から戦後へ

戦後、人類学をリードすることになった石田英一郎は戦争中の民族学について次のように述べている。

戦争中、民族学者が軍当局にはたらきかけて国立民族研究所を設立させ、従来の日本民族学会をその外郭団体に改組して、この学問をいわゆる大東亜共栄圏の民族政策のために役立てようという姿勢を示したことが……民族学といえば日本を破局に導いた侵略戦争のお先棒をかついだ〝戦犯〟の学問だという、拭いがたい印象を残した。……サーベルをガチャつかせ、肩で風を切って威張っていた陸軍のお偉方に伍して、得意の絶頂にあるかに見えた先輩の民族学者の公私の生活に対しては、何か割り切れない反発を覚えた［石田　一九七〇：一七―一九］。

この「先輩の民族学者」の名前を石田は挙げていないが、岡正雄であることは明らかだ。事実、岡は参謀本部嘱託時代（一九四一～四二年）、民族研究所設立に向けて謀略機関の陸軍中野学校で講義し、少佐参謀を帯同して南方を視察している［鈴木　一九六五：二六二］。

これに対し、石田は、戦後、米軍占領下、ＧＨＱのもとで組織されたＣＩＥ（民間情報教育局）の嘱託としてアメリカの人類学者と交流し、東京大学東洋文化研究所文化人類学部門の教授となり、教養学部教養学科に文化人類学コースを立ち上げた。そうしたなかで、石田は、岡が固執した「民族（ethnos）」に基づいた「民族文化」よりも、「人類（anthropos）」、あるいは「普遍的人間性」に基づいた人類学を主張した。また、人類学を純粋に学問的な活動に限定することにより戦争に協力した学問という負の遺産を払拭し、「平和国家」日本の学問を打ち立てようとした[43]。

では、戦後の日本の人類学は、岡体制から石田体制へと転換したのだろうか。『「帝国」日本の学知』を編集した末廣昭は、同書に収められた中生勝美の論文を参照しつつ、石田の転換を岡体制への「決別」と見ている［末廣 二〇〇六：一二］。しかし、事態はそれほど単純ではない。たしかに石田は戦争中の岡に反発を覚えたかもしれないが、岡を糾弾したわけではなかった。先に引用した戦中の民族学を批判する一文を公にしたのは、一九六八年である。戦争直後は、むしろ岡と協働して日本民族学を再建しようとしていた[44]。

つまり、こういうことだ。一九四八年に『民族学研究』の編集長になった石田は、岡に今後の民族学をめぐって『民族学研究』に寄稿してくれるように依頼し、それに応えて岡は「民族学に於ける二つの関心」［岡正雄 一九四八］を書き、当時論争になっていた歴史的民族学と機能主義以後の現在学的民族学は矛盾しないこと、民族文化を仲立ちにして人類文化におよぶ行き方がありうることを論じた。この提言を受けて、石田はいわば民族学のモデル研究として、先述の座談会「日本民族＝文化の源流と日本国家の形成」を企画し、『民族学研究』（一三巻三号、一九四九年）に掲載した[45]［石田 一九四八：三六六］。さらに、誌面の一部を戦争中の日本の支配地域の総括にあて、あわせて海外消息欄を充実するなどの編集方針を示した[46]。

こうしてみると、戦後の民族学（社会・文化人類学）は、戦前の日本の帝国主義と結びついた歴史の「否定」のうえに打ち立てられたというより、むしろ戦前・戦中・戦後の人類学の歴史は「連続」していたと捉えた方がよいように思われる。では、そこにおける学問の伝承の論理はどのようなものだったのか。

図18　軍部を帯同してスマトラを視察する岡正雄（1942年、左から3人目）

二　トランスウォー期の人類学者の仕事と人生

そこで問題になるのは、トランスウォー期の人類学者たちの仕事と人生である。戦前の日本の大学には台北帝大の土俗・人種学講座を除いて民族学の専門課程はなく、民族学者の多くは「職業としての学問」をもたなかった。人類学・民族学は「好事家」の学問だったのだ。そうしたなかで、民族研究所などに代表される研究所は民族学者に職業を提供したわけで、当時の民族学者にとっては国家の民族政策に荷担するというより、生きていくための手段=職業として重要だったのではないだろうか。一九四四年に張家口に創設された西北研究所(47)の所長として赴任するにあたって、今西錦司は述べている。

もちろん国民の一人として、私も戦争にはぜひ勝たねばならないと念じてはいたが、一方では戦争のために、学者がむざむざと殺されてよいものだろうかという心配があった。だから、日増しに生きぐるしくなる国内を逃れて、蒙古に疎開し、そこで学問に打ち込めるならば、その学問が戦争協力に役立とうと、あるいは戦争をこえて民族に役立とうと、それは現地にいってからゆっくり考えたらよいことであって、とにかくこれは渡りに船だから、この船に乗らなければならない、そして、船の収容力のあるかぎり、一人でも多く、若い有望な学者を連れ出さねばならない。そうはっきりとは、その頃のことだから、口には出さなかったにしても、この気持ちは連れ出すほうにも、連れ出されるほうにも、お互い通じ合っていたのではなかろうか［今西　一九八一：二〇九（中生　二〇〇〇：二二六に引用）］。

「渡りに船だから、この船に乗らなければならない」とは「生きていく」ための選択である。他方、「連れ出された」方に属していた梅棹忠夫（当時大学院生）は次のように回顧している。

毎晩が宴会であった。食事は粗末で、酒はやすもののパイカルだったが、わたしたちの心は豊かだった。毎晩、今西さんを中心に話がはずんだ。それは宴会というよりも議論の場だった［梅棹　一九九〇：一二］。

つまり、戦時中、彼らは研究所に赴任することで戦争を生き延びただけでなく、「職業としての学問」に明け暮れていたのだ。当時、西北研究所に次長として赴任していた石田英一郎も戦争とは無関係な「馬の文化史」の研究に没頭し、戦後出版されることになる『河童駒引考』を書き上げている。(48) 先ほど引用した「先輩の民族学者」に対する石田の文章は、（何か割り切れぬ反発を覚えたものの）「軍一辺倒の滔々たる時勢の流れに何ひとつ良心的抵抗を試みることなく、実質的に軍の庇護のもとに〝国策〟の線に背かぬ調査研究をひっそりとつづけていたというところだ」と続いている［石田　一九七〇：一九］。それゆえ、関本照夫は述べている。

人類学者の大勢は、近代日本国家がその時々に作り上げてきた政治・地理的環境を規定の与件として利用しながら、それ自体を問うことはなく、それぞれ同時代的な政治的課題をかっこに入れたところで、個人的な夢を追ってきた。考えたいのは、国家の大勢に追随する非政治的大衆としての人類学者の営みが、もっている意味についてである［関本　一九九五：一三七］。

民族研究所の設置を画策した岡について、清水昭俊は太平洋協会の平野義太郎と比較しながら、「学術動員」における岡の「政治学の欠落」を指摘している〔清水昭俊　二〇一三b：三五〕。こうして、岡も含め人類学者の大方は戦争という与件を表立って問うことなく、「非政治的大衆」としてそれぞれの夢を追っていたのではないだろうか。ある意味で、こうした行為も一つの「政治的な」選択だったかもしれない。問題は、関本が指摘するように個々の人類学者の営みがもっている意味である。

一九六〇年代後半の学園紛争の頃、「何のために人類学をやっているんですか」と学生から聞かれた泉靖一はしばらくしてから「食うためだ」と答えたという。[49] この言葉には、トランスウォー期の困難な時代を生き延びた思いが込められているように思える。「非政治的大衆」として「食うこと」＝「生きていくこと」が何よりも重要だったのだ。このような個々の人類学者の人生の観点から人類学史、とりわけトランスウォー期の歴史を見直してみることが必要だろう。[50]

三　岡正雄、石田英一郎、泉靖一

戦後の人類学を主導した石田英一郎は、「戦犯」岡正雄を排除しなかった。改めて確認すると、岡は戦後一九四八年に石田の司会でおこなわれた日本民族・文化の起源に関する座談会に参加することで学会に復帰し、一九四九年には日本民族学協会の理事長となり、一九五一年に東京都立大学で社会人類学の教授となった。そして一九五〇年代にはアイヌ民族総合調査や東南アジア稲作調査などの日本民族学協会の調査プロジェクトを指揮した。東京都立大学退職後は、明治大学に教授として招かれ、東京外国語大学アジア・アフリカ言語文化研究所[51]（AA研）の所長となった。

民族研究所に結集した岡の血脈につながる人びと――古野清人、小山栄三、須田義昭、八幡一郎、江上波夫、徳永康元、岩村忍など――も戦後大学等に職を得て、研究者として生き延びた。さらに、岡の民族研究所の戦後版として、国立民族学博物館が開設され、戦争中今西錦司とともに西北研究所にいた梅棹忠夫が館長となった。

ところで、岡はその巧みな「語り」を通して都立大学を中心に多くの後輩を育てた。祖父江孝男は回想している。


今ふりかえってみると、岡先生にとってやはり最も楽しかったのは恐らく都立大時代ではなかったかと思う。社会学や社会人類学専攻の学生が十数名という適当な数だけおり、それに加えてまだ若かった私達助手たちがいる。こうした若手に囲まれた先生はストーブの火にあたりながら(当時の都立大の暖房はまだ石炭ストーブであった)昔の思い出話、自慢話から、学会の諸先生のエピソードのかずかずを面白おかしく尽きることなく話されるのであって、あの頃研究室にいた者にとって最も思い出に残っているのは、先生のこの「炉辺談話」であるにちがいない。……同じ話を繰りかえし何度も聞かされることも多かったが、いやとにかく面白くて面白くて、いつもみな笑いころげていた〔祖父江 二〇〇五:二一五〕。


同様なことを住谷一彦も『異人その他』の「解説」のなかで述べ〔住谷 一九七九〕、川田順造も「岡先生の問題提起力の凄さは『語り』にある」と指摘している〔川田 二〇一三:六〇〕。「伝承の論理」の観点から言えば、日本人類学の歴史が「炉辺談話」、つまり口承伝承によって伝えられている点が興味深い。

他方、石田は東大文化人類学研究室を拠点として、総合人類学に基づいた人類学の教育に努め、「人間を求めて」人類学を構築しようとした〔石田 一九七〇〕。だが、総合人類学は定着せず、石田の言う「人間性」は希望にすぎず、しかも普遍的な「人間性」に到達する仕方はきわめて主観的、感情的だった〔川田 一九九二:三四九―三五〇〕。

また、石田は戦争中の岡らの民族研究所の国の民族政策への荷担に対する反省から、人類学をアカデミズムのなかに閉じ込めてしまった。これにより民族学は戦争協力の汚名から救済されたかもしれないが、人類学の手法や知識をさまざまな実践的課題の解決に役立てようとする応用人類学が日本ではきわめて立ち遅れることになった。[52]

さて、次に、泉靖一の人生と仕事を見ることで、トランスウォー期の日本人類学の構図はより広く、奥行きの深いものとなる。

泉は一九二七年に父泉哲が京城帝国大学法文学部に赴任したことから、京城に転居、朝鮮という外地で自らの人類学を形成した。その意味では泉はまさに日本の「帝国主義の申し子」であった。以下では、泉の自伝的著作『遙かな山々』［泉　一九七二］から泉の軌跡を辿ってみよう。

泉は山男であった。一五歳頃から京城近郊の山々を歩き始め、一九三三年、京城帝国大学予科に入学したあと、同好会「スキー山岳部」を結成した。京城帝大進学後は山岳部を創設し、一九三五年に済州島のハルラ山初登頂に成功した。しかし、この時山岳部の部員が遭難、死亡するという事件が起き、現地のシャーマンの神託を聞いたりしたことから、朝鮮の人びとの考え方や生活に強い関心をいだくようになった。泉は国文学科の学生だったが、この事件がきっかけで、社会学に転向する意をかため、社会学科の秋葉隆を訪ねた。この時マリノフスキーの『西太平洋の遠洋航海者（*Argonauts of the Western Pacific*）』（1922）を読むように勧められ、フィールドワークに基づく人類学という学問の存在を知った。

こうして、秋葉や宗教学の赤松智城らの指導のもとで、大興安嶺東南部のオロチョン族や満蒙のゴルジ族の調査をおこなうようになった。一九三九年に卒業論文「済州島――その社会人類学的研究」をまとめ、卒業後、京城帝大法学部助手に採用されたが、その後兵役に服した。除隊後一九四一年に京城帝大に復職し、一九四三年には太平洋協会の西ニューギニア資源団の一員として調査をおこなった。一九四五年六月に京城帝大大陸資源科学研究所の嘱託となり、蒙古地方に出発したが、途中北京で敗戦を知り、京城に引き返した。

京城に戻った泉は、日本人在住者および北朝鮮からの避難民のための医療組織設営のために奔走する。一九四五年一二月に博多に引き揚げ、京城帝大医学部にいた今村豊らとともにアジア各地からの引き揚げ者の救援活動にあたった。一九四七年に上京し、財団法人在外同胞救護会救療部長となった。

そうしたなかで、一九四八年に石田英一郎と会い、学問の世界に復帰するように勧められる。一九四九年に民族学研究懇談会でニューギニアの「サゴ椰子文化について」を発表し、明治大学政経学部助教授に就任した。一九五一年七月から八月にかけて、日本民族学協会によるアイヌ民族総合調査に参加した。

同年一一月に東京大学東洋文化研究所助教授に就任し、石田とともに草創期の東大文化人類学研究室の運営にあたった。一九五二年には「社会的緊張」に関する国際共同調査でブラジルに赴き、日系人社会を調査し、以後南米研究に専心することになった。一九五六年にハーバード大学に留学し、一九五七年にはペルーを訪れ、東大アンデス地帯学術調査団の予備調査をおこなった。以後、一九六九年まで五次にわたるペルーでの発掘調査に従事し、その功績により一九六四年にはペルー政府から最高勲章（太陽勲章）を授与されている。

一九六五年に国立民族学博物館設立の促進委員会委員となり精力的に活動するかたわら、済州島を再訪し、一九六六年には卒業論文に手を加えた『東京大学東洋文化研究所報告――済州島』を刊行した。一九六八年には雑誌『アルプ』に自伝的な著作、「遙かな山々」の連載を始めた（『泉靖一著作集7』一九七二年に収録）。一九七〇年四月、東洋文化研究所所長に就任したが、一一月、脳出血により急逝した。享年五五歳だった。

こうした泉の人生と仕事において興味深いのは、第一に、一九四五年から四七年にかけて、引き揚げ者の救護実践に携わっている点である。これは今からみると公共人類学の実践であり、石田が戦後に志向した純粋アカデミズムとは異なる方向性をもっていた。

第二に、フィールドワーカーを自認していた泉が、第二章（七節）で触れたように、アイヌ民族の村人から強烈な言葉でののしられ、フィールドワーカーとしての自分に大きな疑いを抱かざるを得なくなったという点である。これは今日の「研究倫理」の問題に通じる出来事であった。

第三に、泉は戦前、戦中の朝鮮、満蒙、ニューギニアから、戦後は日本の帝国主義が及ばなかった南米にフィールドを拡大して、新大陸の先史文明の研究を進めた点である。泉はこうして日本の帝国主義の申し子として出発しながらも、日本の帝国主義を超えたところに着地しているのだ。

四　アジア・太平洋地域の人類学

日本は太平洋戦争中、「大東亜共栄圏」の旗印のもとにアジア・オセアニア地域を植民地化し、この地域を舞台に日本の民族学が展開された。この地域には言葉も文化も違う多様な民族が住み、岡がつとに認識していたように、文字をもち、歴史をもつ民族も含まれていた〔岡正雄　一九四三：一二〇〕。その意味ではこの地域はかつての欧米の人類学がおこなったような「未開社会」の研究という枠組みでは捉えられない要素を含んでいた。

他方で、アジア・太平洋地域の諸民族の文化は日本人にとって必ずしも「異文化」というわけではない。東南アジア稲作調査団に参加した岩田慶治の報告書は『日本文化のふるさと――東南アジア稲作民族をたずねて』（一九六六年）と題されていた。この意味でも、日本のアジア・太平洋の人類学は欧米流の「異文化研究」としての人類学とは異なるはずだ。

今日においても、日本の文化人類学者の関心地域はアジア・オセアニアに集中している。[53]だが、今日ではインドネシアでもマレーシアでもタイでも、それぞれの国の人類学が育ち、アセアンレベルでの人類学コミュニティも形成されている。戦前とは事情が違うのだ。それゆえ、かつてのように日本がこの地域の研究をリードするというよりこの地域の人類学者たちと協働して研究をおこなっていく必要がある。そこにこそ今日のアジア・太平洋地域の人類学の存在意義があるように思える。

第四章　まとめと展望——未来に向けて

アメリカ人類学会では最近「アメリカ人類学を脱植民地化する」(decolonizing US anthropology) というテーマが学会長の提案として論じられている [Gupta and Stoolman 2022]。『アメリカン・エスノロジスト (*American Ethnologist*)』誌上でも「人類学を脱植民地化する——グローバル・パースペクティブ」という特集が組まれ、ブラジルの人類学者グスタボ・ヒベイロが「知識の脱植民地化からポスト・インペリアリズムへ——ラテンアメリカのパースペクティブ」という論考を寄せている [Ribeiro 2023]。日本でも、冒頭で触れたように、日本文化人類学会によりアイヌ民族に対する謝罪がおこなわれ、過去の植民地主義・帝国主義的研究に反省が加えられている。

こうしたなかで、本書では、伝承の現場や論理に注目しながら、日本人類学の血脈をたどり、日本における人類学と帝国主義の関係という課題に迫ろうとした。繰り返し述べてきたように、一九世紀から二〇世紀にかけて、日本はアジア・太平洋地域において帝国主義を展開した。そして日本の人類学はその一端を担った。それは歴史的事実である。

繰り返せば、問題は、その事実がいかなる歴史伝承の論理に支えられていたのかということだ。その論理は、帝国主義を悪とし、反帝国主義を善とするような単純な二元論的な思考では読み解けない。なぜなら、関本が言うように、その歴史を生きた個々の人類学者の営みがもっている意味が問題だからだ。したがって、一九世紀の帝国主義の展開のなかで日本の人類学者が植民地に向かわざるを得なかった理由――その時代を生きた個々の人類学者の人生と学問の意味――をていねいに問うていく必要がある。本書ではその一端が示されたにすぎない。

人類史的に言えば、帝国主義の起源は「戦争」の起源――集団の権利の拡張――に重なるように思われる。山極寿一によれば、戦争は食料生産を開始し、土地に価値を見出すようになったことで始まった。

土地に肥料や種を蒔き、収穫する。その利益を得るために定住する。結果、人口が増え、さらに食料が必要となり、領土を拡張しなければならなくなる。所有が始まり、領土を拡張しようとする中で集団間のコンフリクトは高まっていく……。そうなると、食料生産に従事せず、武力を中心とする専門家が現れて、集団の権利を拡張するようになった。これは狩猟採集時代には見られない人間にとっての新しい行為だった［山極二〇二三：一二六］。

4　まとめと展望

こうしてみると、植民地主義・帝国主義は人類史的には約一万年年前、新石器時代に遡る問題で、人類学的にはもっと大きな枠組みで検討する必要があるのかもしれない。だが、これは今の私の能力を越えている。

ところで、ヒベイロが論じているように、「ポスト・インペリアリズム」は未来に向けた「ユートピア的な闘い」である［Ribeiro 2023: 375］。それゆえ、以下では、日本人類学の未来に向けて私なりの展望を述べておこう。

ミリアム・キングスバーク・カディアによれば、一九六八年は世界的に歴史の転換点で、学生運動というかたちの世代間闘争が展開される一方で、この時期にトランスウォー期の世代は活動を終えていった［Kadia 2020: Ch.8］。事実、石田は一九六八年に、泉は一九七〇年に亡くなっている（岡は一九八二年まで生きた）。

では、日本の人類学は一九六八年以降どのような展開を遂げたのか。一九六八年といえば、私が大学に入った年で、この時期以降の人類学については私は「歴史の生き証人」である。私自身は国際水準の「民族誌を書く」ことを目標に掲げ、観光人類学や公共人類学など新しい研究分野にも取り組みながら、人類学のバージョンアップを心がけてきた。

他方、石田が人類学に求めた「普遍的ヒューマニズム」も、現在のイスラエル・ハマス戦争の「人道問題」などを考えると、まだ賞味期限切れではないかもしれない。しかし、近年の人類学においてはヒューマニズム＝「人間中心主義」は再考を迫られている。「存在論的転回」という議論がそれである［春日 二〇一一、Viveiros de Castro 1998, 1999］。

欧米の近代主義的な存在論においては、人間は自然と対置され、人間は自然をコントロールする存在として位置づけられていた。近代人類学もそうした認識のうえに成立していた。これに対し、今日では人間は自然の一部と捉えられ、人間とはさまざまな種の間（interspecies）にあるものと定義されている［Tsing 2012］。この考え方によると、人間は他種（動植物だけでなく、ウィルス、モノ、精霊をもふくむ）との関係のなかで定義される［近藤・吉田編 二〇二一］。

人間と動物やモノの境界もあいまいである。チンパンジーと人間の遺伝子は約九九パーセント同じだと言われ、近年のロボット工学やAIテクノロジーがサイボーグの発達を加速させている。コンピュータは生活のあらゆるところに取り入れられ、AIは人類の知能を越えつつある。今日、人間は入れ歯から人工呼吸器まで機械と一体となりながら生きているのだ。船曳建夫は、「人間と人間でないもの」「人間のようなもの」などを論じながら、「人間とは何か」という問いに答えようとした［船曳 一九九七］。

他方で、今日、欧米中心の「知の世界システム」が批判され［桑山 二〇〇八］、世界の人類学はワールド・アンソロポロジーズ（world anthropologies）と複数形で語られることが多い［Ribeiro and Escobar 2006］。欧米の人類学のみではなく、アジアの人類学、アフリカの人類学、中南米の人類学といった地域人類学（regional anthropologies）も存在する。本書で述べてきた日本の人類学もそうした「アンソロポロジーズ」の一つである。

この場合、日本の人類学を西洋対東洋という二項対立の枠組みで論じても意味はないだろう［Hendry and Wong eds. 2006］。川田順造は自らのフィールドであるアフリカ、留学先のフランス、およびホームである日本という三つの場所をめぐる「文化の三角測量」をおこなう必要性を説き［川田　一九九二］、私もインドネシア（フィールド）、欧米、日本の三か所の間にあるものとして私の人類学を定義した［Yamashita 2006b］。今日の人類学者は、それゆえ、自らのフィールドを掘り下げることによって、欧米を越え、日本を越えて、グローバルなレベルで「人間とは何か」を明らかにしなければならないだろう。

そうしたなかで、最後に、人類学が向かうべき新しい局面と思われる「人新世（Anthropocene）」時代の人類学について簡単に触れておこう。地球の歴史四六億年のなかでは、現世人類（ホモ・サピエンス）の歴史はせいぜい二〇万年にすぎない。しかし、その人類が今や地球上をおおい、その活動がかつての小惑星の衝突や火山の大噴火に相当するような地質学上の変化を地球にもたらしつつある。それが人新世と呼ばれる新しい「地層」だ。これはとりわけ過去二、三〇〇年の間に人類が地球に手を加えた結果生起したとされ、今日の地球の温暖化など深刻な環境変化を指す言葉となっている。この人新世時代の人類学について、湖中真哉は、神中心主義も人間中心主義も終焉した後、人類学は地球との関係において人間を問うことにほかならないと述べている［湖中　二〇二〇：一〇二］。

強調されねばならないのは、地球は人間だけではなく、さまざまな種やモノによって構成されており、人類学は「人間と自然の境界」、「人間とモノの境界」から問いを組み立てていく必要があるということだ。人類学とは、そのような大きな枠組みのなかで人間を考える学問なのである。日本人による日本民族の研究にフォーカスした坪井正五郎らの「じんるいがくのとも」から一四〇年ばかりの歴史を経て、日本の人類学はこうした大きな「ユートピア的な闘い」のなかで構築されるべきだと私は考えている。

謝辞

本書を執筆するにあたっていろいろな方にお世話になった。まず、執筆を勧めてくださった「関西学院大学現代民俗学・文化人類学リブレット」シリーズの編者の一人である桑山敬己さんに感謝する。次に、本書のドラフトを読み、適切なコメントをいただいた伊藤敦規、伊藤眞、小林敏、清水昭俊、中生勝美、玉野井麻利子、冨尾賢太郎、八巻俊道、渡辺欣雄さん、また、貴重な情報を提供してくださった伊藤亜人、船曳建夫、関谷雄一さん、そして日本文化人類学会事務局、東京大学文化人類学研究室に感謝する。また、本書の出版にあたっては風響社の石井雅さんに大変お世話になった。ここに記して深く感謝する。

注

（1）WCAA（World Council of Anthropological Associations）と Anthropen Multilingual Lab によるオンラインセミナー。質問をしたのはブラジルの人類学者グスタボ・リンス・ヒベイロ（Gustavo Lins Ribeiro）である。彼は最近「ポスト帝国主義」についての論文を書いている［Ribeiro 2022］。

（2）二〇二三年六月に県立広島大学でおこなわれた日本文化人類学会第五七回研究大会でも特別シンポジウム「アイヌ民族に関する研究倫理指針（案）から考える、文化人類学の過去と未来に向けての展望中間報告」がもたれた。討議の結果は『文化人類学』（八八巻二号、二〇二三年）に報告されている。これらを踏まえて二〇二四年四月に「アイヌ民族研究に関する日本文化人類学会・学会声明」が発出された。声明は日本文化人類学会のホームページに掲載されている。https://www.jasca.org（二〇二四年九月二七日閲覧）。

（3）アキール・グプタ（Akhil Gupta）とジェシー・ストゥールマン（Jessie Stoolman）は最近の『アメリカン・アンソロポロジスト』誌上で「アメリカ人類学を脱植民地化する」ために「アメリカ人類学がこの学問の祖先たちによってどのように想像されたかという問いに立ち帰らなければならない」と述べている［Gupta and Stoolman 2022: 789］。

（4）Kokeshi Wiki「集古会」https://kokeshiwiki.com/?p=4106（二〇二三年一二月三〇日閲覧）。

（5）この頃、イギリスではアルフレッド・ハッドン（Alfred Haddon）がオーストラリアとニューギニアの間にあるトーレス海峡の探検調査（一八八八～八九年）をおこない、人類学的調査の先駆けとなった。

（6）初出は論文「人類学と人種学（或いは民族学）を分離すべし」『東亜之光』八、一九一三年。

（7）「國男」と書くべきだが、本書では原則として新体字を用いる。他の箇所も同様。

（8）日本民俗学は“Japanese Folklore Studies”と英訳されることが多いが、英語の“folklore”は「民間伝承」の意で、日本語の「民俗」より狭く、この英訳では「日本民俗学」が企図するところは伝わらない。むしろ日本を対象とした民族学あるいは人類学＝“ethnology/anthropology with a focus on Japan”などとしたがよいように思える。

（9）この研究会のことは今でも語り継がれている。例えば、日本の人類学をめぐる山極寿一と尾本恵市の対談［山極・尾本二〇一七：四五］。そこではＡＰＥ会の発足は一九三七年とされているが、岡の年譜では一九二五年頃となっている［岡正雄一九七九：四八二］。

（10）この頃の岡の活動の詳細については、清水昭俊［二〇一三a、二〇一三b］や中生勝美［二〇一三］に詳しい。

（11）東大文化人類学草創期については、川田順造［二〇一二］に詳しい。

(12)『東京大学文化人類学研究室だより』九号、一九六四年。
(13)本項の執筆にあたって山本紀夫［二〇二〇］を参考にした。
(14)二〇二三年一二月におこなわれた"Histories of Anthropologies"と題されたオンライン会議で、ヒベイロらは"Writing Transnational Histories of Anthropologies"というセッションを主催し、トランスナショナルな人類学史に注意を喚起している。
(15)創刊時は『人類学報告』だったが、まもなく『東京人類学報告』と改称された。『東京人類学雑誌』になるのは一八八七年（二巻一八号）からである。東京人類学会は一九四一年に日本人類学会と改称され、機関誌『東京人類学雑誌』は一九一一年に『人類学雑誌』に、一九九三年には *Anthropological Science* に変更され、現在にいたっている。日本人類学会　https://anthropology.jp/anthropological_science/short_history.html（二〇二四年七月一五日閲覧）。
(16)原文は旧仮名遣い。
(17)「大東亜共栄圏」における言語政策や日本語教育については、川村湊［一九九四］を参照。
(18)戦後も杉浦健一が「土俗学」の授業を担当していた［祖父江　二〇一三：三七］。
(19)東京都立大学社会人類学研究室 https://anthropology-tmu.jp/history/（二〇二四年一月二二日閲覧）。
(20)日本文化人類学会のホームページでは、二〇二四年現在、七九の大学・大学院で文化人類学・民族学を学べる専門課程があるとしている。https://www.jasca.org（二〇二四年七月一五日閲覧）。
(21)私学では南山大学に一九四九年の設立時からキリスト教神言会員だったヴィルヘルム・シュミットとの関係で人類学・民族学研究所が設置されており、一九五〇年代初頭には人類学科もスタートしている［石田　一九六六ａ：三六四］。
(22)「駒場」とは東大教養学部、「東洋文化」とは東洋文化研究所のことである。
(23)七号からは和文タイプである。一九六五年にまとめて文化人類学図書室に寄贈されている。
(24)学期中、原則として週一度のペースで、月曜日のお昼におこなわれていたらしい。一九六一年度より「研究会」と改名。
(25)一九六三年の九学会連合研究大会では、泉靖一・大給近達・杉山晃一・友枝啓泰・長島信弘の連名で「日本文化の地域類型」という発表がおこなわれている。長島はこのプロジェクトにおける東大文化人類学研究室の「無責任体制」を手厳しく批判している［長島　二〇一二］。
(26)都立大の社会人類学研究会は現在も続いており、二〇二四年七月一二日現在九五二回を数える。東京都立大学社会人類学研究会 https://anthropology-tmu.jp/meeting/（二〇二四年七月一二日閲覧）。一九七五年に研究会を東京都立大学社会人類学会に改組して、『社会人類学年報』を刊行するようになった。当時私たちは一〇年くらい続けばよいと考えていたのだが、二〇二四年には五〇巻目を出すことになる。

(27) 東大文化人類学研究室によると、文化人類学分科の学生は例年五～一〇名程度で推移している。
(28) 泉は「私はながい漂白の旅の経験によって、ほんのわずかなあいだでも、どんな姿勢でも、眠ることのできるのはいまもむかしも変わらない」と述べている［泉　一九七二：二五四］。
(29) 一九八〇年代に東大で学部・大学院時代を過ごした三尾裕子は、学部教育では自然人類学や先史考古学の講義が必修として組み込まれていたが、大学院に進学後はもっぱら社会や文化を論じる講義や演習のみがプログラムされていたと述べている［三尾　二〇一一：四八三］。東大文化人類学分科の学部における総合人類学のカリキュラム体制が変更されたのは一九九六年の改組後、一九九八年頃である。
(30) 同書は二〇〇八年に改訂版が出て、今日にいたっている。
(31) 青木保も同様のことを述べている［青木　一九九九：三二］。
(32) 岩田、大林、祖父江は誌上参加。
(33) 桑山敬己もこの点を指摘している［桑山　二〇〇八：一六二―一六六］。もっとも、今日では科研費も「基盤研究C」などによる単独型の研究が増えているようである。調査研究のスタイルも時代とともに変化するのだ。
(34) 大林太良との私信。
(35) 泉は『フィールドワークの記録――文化人類学の実践』（講談社、一九六九年）の「まえがき」でこの出来事を昭和二四（一九四九）年のある夏の日としているが、アイヌ民族総合調査は一九五一年に始まったわけだから、これは間違いである。正しくは一九五三年の出来事である。
(36) 「学問の思い出――中根千枝先生を囲んで」『東方學』（一一八、二〇〇九年、一七二頁）での中根の発言。
(37) 「学問の思い出――中根千枝先生を囲んで」『東方學』（一一八、二〇〇九年、一五七頁）での初対面の岡に対する中根の表現。『民族学研究』（四九巻四号、一九八五年）の座談会「日本における民族学」でも同様な発言をしている。
(38) 「学問の思い出――中根千枝先生を囲んで」『東方學』（一一八、二〇〇九年、一六八頁）における中根の発言。
(39) 幼少期から蒐集していた化石、貝殻などのコレクションが展示され、この博物館のメンバーたちは例会をもち、郷土玩具の研究に重点が置かれることになったという［宮本　二〇〇八：一一〇―一一二］。明治時代の坪井正五郎らの「集古会」を思わせる。
(40) 岡は高校（二高）以来渋沢の友人でもあった［宮本　二〇〇八：一一七］。
(41) トランスウォー期を第一次世界大戦（終了）から第二次世界大戦（開始）までの時期と捉える見方もあるが、ここでは太平洋戦争をはさんだ戦前・戦後、とくに一九三〇～六〇年代を考えている。

(42) 中生［二〇一四：四七］も同様なスタンスをとっている。
(43) 占領期の人類学の再編については中生勝美［二〇〇六］に詳しい。
(44) 岡の軍部関与を指摘した鈴木二郎の批判も一九六五年になってからである［鈴木　一九六五］。
(45) この時期に出版された『河童駒引考』第一版（一九四八年）への序文で、石田は「近時、この学問分野に於ける現在的な社会学的或いは心理学的関心の昂まるままに、十九世紀以来斯学の積み重ねて来た書かれざる人類文化史の復元に対する努力と成果とを、恰も無価値なるかの如く黙殺し去らんとする一部の先走った傾向に対しては、断じて之に与することが出来ない」と強い口調で述べている［石田　一九六六b：一一―一二］。
(46) 石田は『日本社会民俗辞典』の「民族学」の項目を執筆し、一九四五年以前の「日本周囲民族研究の業績」をまとめている［石田　一九五九］。
(47) この研究所については中生勝美［二〇〇〇］に詳しい。
(48) 石田はこの本の新版の序文で「戦争への協力を示さぬ言論の発表が不自由をきわめた中にあって……この種の古代文化史の研究に沈潜していたのは著者のひそかなレジスタンスでもあった」と回想している［石田　一九六六b：一］。
(49) 「学問の思い出——中根千枝先生を囲んで」『東方學』（一一八、二〇〇九年、一六九頁）における伊藤亜人の発言。
(50) クリフォード・ギアツは、人類学者の「仕事と人生（Works and Lives）」という観点から、「著者」としての四人の人類学者——レヴィ＝ストロース、エヴァンズ＝プリチャード、マリノフスキー、ベネディクト——を検討している。［Geertz 1988］。
(51) この研究所は、岡がウィーン滞在中に知る機会があったベルリン大学の「政治学、民族学及言語学の三位一体」をなす外国語学部がモデルになっているように思える。岡が初代所長になったのはそのせいかもしれない［岡正雄　一九四一：六五—六六］。ちなみに二代目の所長徳永康元はブダペスト大学および民族研究所時代、岡の同僚であった。
(52) この点は日本民族学会五〇周年の機会に『民族学研究』誌上でおこなわれた座談会「日本における民族学」でも指摘されている［川田ほか　一九八五：三一八］。
(53) 二〇二一年におこなわれた日本文化人類学会による会員調査によると、会員の約八五パーセントがアジア・オセアニア地域を研究の対象としている。

参照文献

〈日本語〉
青木　保　一九九九　『日本文化論の変容――戦後日本の文化とアイデンティティー』中央公論新社
芦田均・岡正雄　一九四一　「バルカンの内幕」『改造』五月号、二八二―三〇三頁
石田英一郎　一九四八　「民族学の発展のために――編集後記に代えて」『民族学研究』一二巻四号、三六三―三六八頁
――――　一九五九　「民族学」『日本社会民俗辞典』（第四巻）誠文堂新光社
――――　一九六六a　「大学教育および研究期間における民族学の発展」日本民族学会編『日本民族学の回顧と展望』財団法人日本民族学協会、三六二―三六九頁
――――　一九六六b　『新版河童駒引考――比較民族学的研究』東京大学出版会
――――　一九七〇　「人間を求めて――文化人類学三十年」『石田英一郎全集4』筑摩書房、八―七五頁
石田英一郎・江上波夫・岡正雄・八幡一郎　一九五八　『日本民族の起源――対談と討論』平凡社
泉　靖一　一九七二　「遙かな山々」『泉靖一著作集7――文化人類学の眼』読売新聞社、一五九―三八三頁
今西錦司　一九五二　『大興安嶺探検』毎日新聞社
――――　一九八一　「蒙古思い出すままに」善隣会編『善隣会協会史――内蒙古における文化活動』日本モンゴル協会、二〇九―二一〇頁
梅棹忠夫　一九六七　『文明の生態史観』中央公論社
――――　一九九〇　「回想のモンゴル」『梅棹忠夫著作集』第二巻、中央公論新社
――――　一九九七　『行為と妄想――わたしの履歴書』中央公論社
岡田淳子　二〇一三　「岡正雄の北方研究――アイヌとアラスカ・エスキモー（イヌイト）」ヨーゼフ・クライナー編『日本民族学の戦前と戦後――岡正雄と日本民族学の草分け』東京堂出版、四三―五九頁
岡　茂雄　二〇一八　『本屋風情』（角川ソフィア文庫）角川書店

岡　正雄　一九四一「欧州に於ける民族研究」『改造』八月号、六四―六六頁
――　一九四三「現代民族学の諸問題」『民族学研究』（新）一巻一号、一一九―一二二頁
――　一九四八「民族学における二つの関心」『民族学研究』一二巻四号、三〇六―三一一頁
――　一九五八「二十五年の後に――あとがきにかえて」石田英一郎・江上波夫・岡正雄・八幡一郎『日本民族の起源――対談と討論』平凡社、三〇一―三二一頁
――　一九七九『異人その他――日本民族＝文化の源流と日本国家の形成』言叢社
春日直樹　二〇一一「人類学の静かな革命――いわゆる存在論的転換」春日直樹編『現実批判の人類学――新世代のエスノグラフィへ』世界思想社、九―三一頁
川田順造　一九八三「エトノスを求めて」『民族学研究』四八巻一号、一二一―一二三頁
――　一九九二『西の風、南の風――文明論の組み替えのために』河出書房新社
――　二〇一二「石田英一郎による、東京大学での総合人類学教育の構想と実践」ヨーゼフ・クライナー編『近代〈日本意識〉の成立――民俗学・民族学の貢献』東京堂出版、二七九―二九七頁
――　二〇一三「語りの天才、そして日本におけるアフリカ研究の生みの親」ヨーゼフ・クライナー編『日本民族学の戦前と戦後――岡正雄と日本民族学の草分け』東京堂出版、六〇―六六頁。
川田順造ほか　一九八五「座談会――日本における民族学」『民族学研究』四九巻四号、二八五―三一九頁
川村　湊　一九九四『海を渡った日本語――植民地の国語の時間』青土社
――　一九九六『「大東亜民俗学」の虚実』講談社
桑山敬己　二〇〇八『ネイティヴの人類学と民俗学――知の世界システムと日本』弘文堂
――　二〇一二「第2次世界大戦前後のアメリカ人研究者による日本村落の研究」『民博通信』一三九号、一〇―一一頁
近藤祉秋・吉田真理子編　二〇二一『食う、食われる、食いあう――マルチスピーシーズ民族誌の思考』青土社
湖中真哉　二〇二〇「人新世時代のものと人間の存在論」大村敬一・湖中真哉編『「新人世」時代の文化人類学』放送大学教育振興会、一〇一―一一五頁
財団法人民族学振興会編　一九八四『財団法人民族学振興会五十年の歩み――日本民族学集団　略史』財団法人民族学振興会
清水昭俊　二〇〇六『これまでの仕事、これからの仕事――「最終講義」増補版』（私家版）
――　二〇一三ａ「異人、現在学的民族学、そして種族史的形成――岡正雄と日本民族学の展開」ヨーゼフ・クライナー編『日本民族学の戦前と戦後――岡正雄と日本民族学の草分け』東京堂出版、六七―一四二頁

――――　二〇一三b　「民族学の戦時学術動員――岡正雄と民族研究所、平野義太郎と太平洋協會」『国際常民文化叢書4　第二次世界大戦中および占領期の民族学・文化人類学』国際常民文化機構、一七―七四頁
――――　二〇二〇　「岡正雄」清水展・飯嶋秀治編『自前の思想――時代と社会に応答するフィールドワーク』京都大学学術出版会、三七九―四一六頁
清水　展　二〇二〇　「中根千枝」清水展・飯嶋秀治編『自前の思想――時代と社会に応答するフィールドワーク』京都大学学術出版会、二一三―二五三頁
末成道男　一九八八　「鳥居龍蔵――アジア人類学の創始者」綾部恒雄編『文化人類学群像3　日本編』アカデミア出版、四七―六四頁
末廣　昭編　二〇〇六　『岩波講座「帝国」日本の学知』（第六巻　地域研究としてのアジア）、岩波書店
鈴木二郎　一九六五　「書評『民族学ノート――岡正雄教授還暦記念論文集』」『民族学研究』三〇巻三号、二六一―二六三頁
――――　一九九七　「鈴木二郎先生最終講義講演会――演題「通俗版　クォ・ヴァディス（どこへ行くのか）」『ソシオロジカ』二二巻一号、一―七〇頁
住谷一彦　一九七九　「解説　岡正雄『古日本の文化層――ある素描』」岡正雄著『異人その他――日本民族＝文化の源流と日本国家の形成』言叢社、四三二―四五二頁
祖父江孝男　二〇〇五　『文化人類学と私――その流れをふりかえる』放送大学文化人類学研究会
――――　二〇一三「共に過ごした楽しい思い出――アラスカエスキモーの調査その他」ヨーゼフ・クライナー編『日本民族学の戦前と戦後――岡正雄と日本民族学の草分け』東京堂出版、三六―四二頁
関本照夫　一九九五　「日本の人類学と日本史学」『岩波講座日本通史』（別巻1　歴史意識の現在）岩波書店、一二三―一四七頁
寺田和夫　一九八一　『日本の人類学』角川書店
鳥居龍蔵　一九七五　『鳥居龍蔵全集（第一巻）』朝日新聞社
中生勝美　二〇〇〇　「内陸アジア研究と京都学派――西北研究所の組織と活動」中生勝美編『植民地人類学の展望』風響社、二一一―二五八頁
――――　二〇〇六　「日本占領期の社会調査と人類学の再編――民族学から文化人類学へ」末廣昭編『岩波講座「帝国」日本の学知』（第六巻　地域研究としてのアジア）、岩波書店、一四三―一七七頁
――――　二〇一三　「戦時中の日本民族学――岡正雄の民族研究所」ヨーゼフ・クライナー編『日本民族学の戦前と戦後――岡正雄と日本民族学の草分け』東京堂出版、一四三―一七四頁

―――― 二〇一四「植民地大学の人類学者――泉靖一論」『国際学研究』第五号、四七―六九頁
―――― 二〇一六『近代日本の人類学史――帝国と植民地の記憶』風響社
長島信弘 二〇一二「東大文化人類学研究室「日本文化の地域性研究」プロジェクト――昭和三五―四〇年」ヨーゼフ・クライナー編『近代〈日本意識〉の成立――民俗学・民族学の貢献』東京堂出版、三一一―三三五頁
船曳建夫 一九九七「序 人間とは何か／人間のようなもの」青木保他編『新たな人間の発見』（岩波講座 文化人類学 第一巻）岩波書店、一―二七頁
真島一郎・川村伸秀編 二〇一四『山口昌男――人類学的思考の沃野』東京外国語大学出版会
馬淵東一 一九七四『馬淵東一著作集』第三巻、社会思想社
―――― 一九八八『馬淵東一著作集』補巻、社会思想社
三尾裕子 二〇一一「民族学から人類学へ――学問の再編と大学教育」山路勝彦編『日本の人類学――植民地主義、異文化研究、学術調査の歴史』関西学院大学出版会、四四五―四九三頁
宮本常一 二〇〇八『宮本常一著作集50 渋沢敬三』未来社
山極寿一 二〇二三『共感革命――社交する人類の進化と未来』河出書房新社
山極寿一・尾本恵市 二〇一七『日本の人類学』筑摩書房
山口 敏 一九八八「坪井正五郎――総合人類学の創始者」綾部恒雄編『文化人類学群像3 日本編』アカデミア出版、九―二三頁
山下晋司 二〇〇九『観光人類学の挑戦――「新しい地球」の生き方』講談社
山本紀夫 二〇二〇「梅棹忠夫」清水展・飯嶋秀治編『自前の思想』京都大学学術出版会、二五五―二九六頁

〈外国語〉
Geertz, Clifford. 1973. *The Interpretaion of Cultures*. Basic Books.
――――1988. *Works and Lives: The Anthropologist as Author*. Stanford University Press.
Gupta,Akhil and Jessie Stoolman. 2022. Decolonizing US Anthropology. *American Anthropologist* 124: 778-799.
Hendry, Joy and Heung Wah Wong eds. 2006. *Dismantling the East-West Dichotomy: Essays in Honour of Jan van Bremen*. Routledge
Kadia, Miriam Kingsberg. 2020. *Into the Fields: Human Scientists of Transwar Japan*. Stanford University Press.
Koschmann, Victor, Keibo Oiwa, and Shinji Yamashita eds.1985. *International Perspectives on Yanagita Kunio and Japanese Folklore Studies*.

China-Japan Program, Cornell University.

Ribeiro, Gustavo Lins. 2023. From Decolonizing Knowledge to Postimperialism: A Latin American Perspective. *American Ethnologist* 50: 375-386.

Ribeiro, Gustavo Lins and Arturo Escobar eds. 2006. *World Anthropologies: Disciplinary Transformations within Systems of Powe*. Berg.

Tsing, Anna. 2012. Unruly Edges: Mushrooms as Companion Species. *Environmental Humanities* 1: 141-154.

Viveiros de Castro, Eduardo.1998. Cosmological Delxis and Amerindian Perspectivism. *The Journal of the Royal Anthropological Institute* 4 (3): 469-488.

——— 1999. Comments on Animism Revisited: Personhood, Environment, and Relational Epistemology by Nurit Bird-David. *Current Anthropology* 40 (S1): S 79-80.

Yamashita, Shinji. 1998. Viewing Anthropology from Japan. *Japanese Review of Cultural Anthropology* 1: 3-6.

——— 2004. Constructing Selves and Others in Japanese Anthropology: The Case of Micronesia and Southeast Asian Studies. In Shinji Yamashita, Joseph Bosco, and J. S. Eades, eds. *The Making of Anthropology in East and Southeast Asia*. Berghahn Books, pp. 90-113.

——— 2006a. Reshaping Anthropology: A View from Japan. In Gustavo Lins Ribeiro and Arturo Escobar eds. *World Anthropologies: Disciplinary Transformations within Systems of Powe*. Berg, pp.29-48.

——— 2006b. Somewhere in Between: Towards an Interactive Anthropology in a World Anthropologies Project. In Joy Hendry and Heung Wah Wong eds. *Dismantling the East-West Dichotomy: Essays in Honour of Jan van Bremen*. Routledge, pp. 177- 182.

Yamashita, Shinji, Jerry Eades, and Akitoshi Shimizu. 2018. Japan, Anthropology In. In Hilary Callan ed. *The International Encyclopedia of Anthropology*. https://doi-org.utokyo.idm.oclc.org/10.1002/9781118924396.wbiea1754

図版一覧および出典

図 1　坪井正五郎：ウィキペディア「坪井正五郎」より（2024 年 9 月 28 日閲覧）　*7*

図 2　鳥居龍蔵：赤澤威・落合一泰・関雄二編『異民族へのまなざし――古写真に刻まれたモンゴロイド』（東京大学総合資料館、1992 年）、43 頁より　*9*

図 3　柳田国男：茨城県利根町公式ホームページより（https://www.town.tone.ibaraki.jp/page/page005839.html　2024 年 9 月 28 日閲覧）　*9*

図 4　岡正雄：岡正雄『異人その他――日本民族＝文化の源流と日本国家の形成』（言叢社、1979 年）より　*11*

図 5　石田英一郎：『財団法人民族学振興会五十年の歩み――日本民族学集団　略史』（財団法人民族学振興会、1984 年）、35 頁より　*13*

図 6　梅棹忠夫：The Asahi Shinbun Globe+ 2021 年 2 月 4 日より（滝沢美穂子撮影）　*15*

図 7　中根千枝：ウィキペディア「中根千枝」より（2024 年 9 月 28 日閲覧）　*17*

図 8　山口昌男：ウィキペディア「山口昌男」より（2024 年 9 月 28 日閲覧）　*19*

図 9　泉靖一：アマナイメージズより　*20*

図 10　馬淵東一：ウィキペディア「馬淵東一」より（2024 年 9 月 28 日閲覧）　*20*

図 11　『民俗台湾』第 3 号第 6 号（昭和 18 年 6 月）　日本の古本屋（https://www.kosho.or.jp/products/detail.php?product_id=26705265　2024 年 9 月 28 日閲覧）　*23*

図 12　大林太良：福岡アジア文化賞学術研究賞（https://fukuoka-prize.org/laureates/detail/a2c5f02d-017e-4130-b23c-ef45c5320d00　2024 年 9 月 28 日閲覧）　*30*

図 13　石田英一郎・泉靖一・曽野寿彦・寺田和夫『人類学』（東京大学出版会、1961 年）　*33*

図 14　鈴木二郎：日本民族学会映像記録プロジェクト (1992 ～ 93 年度) 収録時のスナップ写真より（山下晋司撮影）　*41*

図 15　中根千枝先生を偲ぶ会：中根千先生を偲ぶ会事務局のアルバムより　*45*

図 16　岡茂雄『本屋風情』（角川ソフィア文庫、2018 年）　*47*

図 17　渋沢敬三：ウィキペディア「渋沢敬三」より（2024 年 9 月 28 日閲覧）　*49*

図 18　岡正雄：清水昭俊「岡正雄」清水展・飯嶋秀治編『自前の思想――時代と社会に応答するフィールドワーク』（京都大学学術出版会、2020 年）、405 頁より（写真は岡千曲提供）　*53*

1959		東京大学文化人類学研究室『研究室だより』創刊
1963	京都大学東南アジア研究センター設置（奥田東所長）	
1964	新日本民族学会成立。日本民族学協会を財団法人民族学振興会に改組。渋沢賞制定	
1964	東京外国語大学アジア・アフリカ言語文化研究所設置（岡正雄所長）	
1965	日韓基本条約	
1967		梅棹忠夫『文明の生態史観』、中根千枝『タテ社会の人間関係――単一社会の理論』刊行
1968	国際人類学民族学連合大会、東京と京都で開催	
1968		泉靖一「遙かな山々」連載開始（『アルプ』）
1969		『季刊人類学』創刊（1989年廃刊）
1972	沖縄本土復帰	
1974	国立民族学博物館開設（梅棹忠夫館長）	
1975		山口昌男『文化と両義性』刊行
1975		『社会人類学年報』創刊
1978	日中平和友好条約	
1979		岡正雄『異人その他――日本民族＝文化の源流と日本国家の形成』刊行
1981	日本常民研究所を神奈川大学に移管	
1984	「座談会　日本における民族学」『民族学研究』（49巻4号）	
1991	ソ連解体	
1993		『人類学雑誌』を *Anthropological Science* と改称
2004	日本民族学会を日本文化人類学会と改称	『民族学研究』を『文化人類学』と改称
2006	日本文化人類学会賞・奨励賞制定	
2019	一般社団法人日本文化人類学会に移行	
2024	アイヌ民族研究に関する日本文化人類学会声明	

1932		『ドルメン』創刊
1933		『朝鮮民俗』創刊
1934	ロンドンで第一回国際人類学民族科学連合大会。日本民族学会設立。	
1935	柳田国男らにより「民間伝承の会」発足	『民族学研究』創刊
1937	**日中戦争**（〜 45）	
1938	東亜研究所開設	
1939	**第二次世界大戦（〜 45）**。東京帝国大学人類学科学生募集	
1941	**太平洋戦争**（〜 45）	
1941	今西錦司らミクロネシア・ポナペ島を調査	
	東京人類学会、日本人類学会と改称	
	東京帝国大学に東洋文化研究所設置	
		『民俗台湾』創刊
1942	大興安嶺探検隊	
	アチック・ミューゼアム、日本常民研究所と改称	
	日本民族学会を解消、財団法人民族学協会を設立	
1943	民族研究所設立（高田保馬所長、岡正雄総務部長）。	
1944	中国・張家口に西北研究所設立（今西錦司所長、石田英一郎次長、所員に梅棹忠夫ほか）	
1945	**日本敗戦**	
1946	財団法人民族学協会を財団法人日本民族学協会と改称	
1947	第一回六学会連合（翌年より九学会連合）研究大会	
1948		石田英一郎『河童駒引考』刊行
1948	座談会「日本民族＝文化の源流と日本国家の形成」『民族学研究』(13 巻 3 号)	
1949	「民間伝承の会」を日本民俗学会に発展的に解消	
	東京都立大学人文学部に社会学専攻設置	
1950 〜 52	九学会連合共同調査〈対馬、能登〉	
1950	特集「ルース・ベネディクト『菊と刀』の与えるもの」(『民族学研究』14 巻 4 号)	
1951	**サンフランシスコ講和条約**	
	東洋文化研究所に文化人類学部門設置（石田英一郎教授、泉靖一助教授着任）	
1951 〜 53	アイヌ民族総合調査	
1953	東京都立大学大学院社会人類学専攻設置	
1953	「特集社会調査」座談会（『民族学研究』17 巻 1 号）	
1954	東京大学教養学部教養学科に文化人類学及び人文地理学分科設置	
1955	京都大学学術探検部カラコラム・ヒンズークシ学術探検	
1957	日本民族学協会東南アジア稲作民族調査団	
1958		石田英一郎ほか『日本民族の起源』刊行

本書関連の略年表

年	出来事	出版
1868	明治維新	
1869	蝦夷地を北海道と改称	
1877	エドワード・モースが大森貝塚を発掘	
1879	琉球を沖縄県とする	
1884	坪井正五郎らが「じんるいがくのとも」を結成	
1886	東京人類学会発足	『人類学会報告』を創刊。『東京人類学会報告』、翌年より『東京人類学会雑誌』と改称
1889	坪井正五郎、英国留学（1892年まで）	
1893	帝国大学理科大学人類学講座開設。坪井正五郎が初代教授に就任	
1894	日清戦争（～95）	
1895	下関条約により台湾を割譲	
1895	鳥居龍蔵、遼東半島を調査。以後日本帝国の植民地拡大とともに調査地域を拡げる	
1886	鳥居龍蔵、台湾調査	
1896	集古会発足	
1904	日露戦争（～05）	
1910	韓国を併合	
1910		柳田国男『遠野物語』刊行
1911		『東京人類学雑誌』を『人類学雑誌』と改称
1912	辛亥革命、翌年中華民国成立	
1913		『郷土研究』創刊
1914	第一次世界大戦（～18）	
1917	ロシア革命	
1924	岡茂雄、岡書院創立	鳥居龍蔵『人類学及人種学上より見たる東北亜細亜』（1924年）を皮切りに南方熊楠『南方随筆』（1926年）、柳田国男『雪国の春』（1928年）、金田一京助『アイヌ叙事詩――ユーカラの研究』（1931年）などを刊行
1925	渋沢敬三、私設博物館（アチック・ミューゼアム）を創設	『民族』創刊。1929年廃刊
1926	京城帝国大学社会学科に秋葉隆が赴任。学生に泉靖一	
1928	台北帝国大学土俗・人種学教室に移川子之蔵が赴任。学生に馬淵東一	
1929	岡正雄、ウィーン大学に留学（1940年まで）	『民俗学』創刊
1937	ＡＰＥ（Anthropology, Prehistory, Ethnology）会発足	
1937	石田英一郎、ウィーン大学に留学（1939年まで）	
1931	満洲事変	『南方土俗』創刊

著者紹介
山下晋司（やました しんじ）

1948 年生まれ。

1973 年東京大学教養学部教養学科卒業。

1978 年東京都立大学大学院社会科学研究科社会人類学専攻博士課程単位取得退学。

1987 年文学博士（東京都立大学大学院社会科学研究科）。

専攻は文化人類学、東南アジア地域研究。

広島大学総合科学部助教授、東京大学大学院総合文化研究科教授、帝京平成大学現代ライフ学部教授を経て、現在東京大学名誉教授。

著書に『儀礼の政治学——インドネシア・トラジャの動態的民族誌』（弘文堂、1988 年）、『バリ——観光人類学のレッスン』（東京大学出版会、1999 年）、『観光人類学の挑戦——「新しい地球」の生き方』（講談社、2009 年）、編著書に『観光人類学』（新曜社、1996 年）、『文化人類学キーワード』（有斐閣、1996 年）、『資源化する文化』（弘文堂、2007 年）、『公共人類学』（東京大学出版会、2014 年）、『文化遺産と防災のレッスン——レジリエントな観光のために』（新曜社、2019 年）など。

日本人類学の血脈　伝承の現場と論理

2024 年 10 月 10 日　印刷
2024 年 10 月 20 日　発行

著　者　山下 晋司

発行者　石井　雅
発行所　株式会社　風響社

東京都北区田端 4-14-9 （〒 114-0014）
Tel 03（3828）9249　振替 00110-0-553554
印刷　モリモト印刷

ISBN978-4-89489-029-9　C0039